삶의 길을 적용하라

삶의 길을 적용하라

1판 1쇄 발행	2021년 6월 10일
1판 1쇄 인쇄	2021년 6월 10일

지은이	황주영
펴낸이	정신일
편집	홍소희
교정	김윤수
펴낸곳	크리스천리더
일부총판	생명의 말씀사 (02) 3159-7979
등록	제 2-2727 호 (1999. 9.30)
주소	부천시 중동로 100 팰리스카운티 아이파크 상가 301호
전화	032) 342-1979
팩스	032) 343-3567
출간상담	E-mail:chmbit@hanmail.net
홈페이지	www.cjesus.co.kr
유튜브	크리스천리더 TV

ISBN : 978-89-6594-324-2   03230

정가 : 10,000 원

- 이 출판물은 저작권법에 의해 보호받는 창작물이므로, 무단 복제와 무단전재를 할 수 없습니다.

- 잘못된 책은 구입하신 곳에서 바꿔드립니다.

위로와 격려, 개인묵상, 교회교육, 설교예화

삶의 길을 적용하라

"진지한 이야기 속에 피어나는
　　아름다운 향기, 잔잔한 감동의 숨결"

머리말

　2019년 12월 중국에서 시작된 코로나19가 세계적으로 유행하면서 초유의 사태를 맞이한 이 시대에, 우리의 생활은 급격한 변화를 맞이했습니다. 엎친 데 덮친 격으로 많은 전문가들은 코로나19의 유행이 짧은 기간 안에 종식되지 않을 것이라고 예상합니다. 그런 와중에 주님의 지상명령인 전도의 유언마저 망각하고 있지는 않은지 생각만 해도 가슴이 아플 뿐입니다. 이러한 강퍅한 시대에 다친 마음을 위로하고, 진리의 소망을 가질 수 있도록 그동안 설교를 준비하면서 사용했던 예화들을 정리하며 글을 쓰게 되었습니다. 이 책을 통하여 전도의 문이 열리는 계기가 되길 바라는 마음입니다.

　복음서를 읽어보면 예수님은 많은 비유를 예화로 사용하신 것을 알 수 있습니다. 즉 포도나무의 비유, 선한 목자와 양의 비유, 소금과 등불의 비유, 탕자의 비유, 과부와 재판장의 비유, 씨 뿌리는 자의 비유, 열 처녀 비유, 양과 염소의 비유, 달란트의 비유 등입니다.

　종교개혁자 마틴 루터(Martin Luther)는 목회자가 자신이 말하고자 하는 내용에 대해서 구체적인 실례를 들어서 말하는 방식을 적극 권장했습니다. 루터에게 있어서 예화라는 것은 내용을 쉽고 이해하기 용이하게 전달하기 위한 수단이었습니다. 설교의 황태자로 불리던 찰스 스펄전(Charles Haddon Spurgeon) 목사는 설교와 예화와의 관계를 '건물과 창문'으로 비유했습니다. 창문을 통해 건물 안으로 빛이 들어오듯이 좋은 예화는 메시지를 더욱 선명하게 해 줍니다.

우리나라 초기 선교사들도 설교에서 예화를 많이 사용했습니다. 그들은 말씀을 전할 때 예화의 중요성을 잘 알고 있었습니다. 사람들은 개념적인 원리보다는 삶 속에서 일어나는 이야기를 좋아합니다. 그러므로 예화를 잘 사용하면 설교의 지루함을 덜어줄 뿐 아니라 사람들에게 진리와 함께 재미와 즐거움까지 선사할 수 있습니다. 청중들의 관심을 집중시킬 수 있는 좋은 방법 중의 하나가 흥미로운 예화의 사용입니다.

특히 적절한 예화는 성도들에게 감동을 주고, 진리를 실천할 수 있는 본보기를 제공하며, 사람들의 기억에 오래 남습니다. 예화는 음식의 맛을 내는 천연 조미료와 같습니다.

예화를 통하여 여러분들의 마음이 예수님께서 말씀하신 옥토와 같이 아름답고 풍성한 결실을 수확하는 복된 마음이 되시길 바랍니다. 정말로 우리 인생이 하나님을 떠나서 살면 불안해지고 참 평안을 얻기 어려운 시대인 것만은 확실하게 피부로 느껴집니다.

아무쪼록 코로나19로 어려운 시기에 이 한 권의 책이 하나님 나라를 확장하는 전도의 책자가 되길 바라며, 모든 시간이 하나님께 헌신하는 시간으로 주님의 은혜에 조금이라도 보답하길 원합니다.

주사랑교회 황주영 목사

[차례]

1. 삶의 태도를 바꾸라 · 10
2. 부족함이 오히려 축복 · 12
3. 범사에 감사하라 · 13
4. 감사 · 15
5. 감사와 불평 · 17
6. 겸손1 · 21
7. 겸손2 · 23
8. 그리스도인이 가져야 할 좋은 습관 · 26
9. 내가 변해야 하고 바뀌어야 한다 · 29
10. 독수리의 거듭남 · 32
11. 선택 · 34
12. 양보 · 35
13. 분별력 · 37
14. 머피의 법칙(Murphy's law)과 샐리의 법칙(Sally's law) · 40
15. 시기는 부메랑과 같은 것이다 · 42
16. 고정관념 · 44
17. 쥐고 있었던 손을 펴야 할 때 · 46
18. 고난(Suffering)과 고통(Distress)을 만났을 때 · 49
19. 나 자신을 이겨라 · 51
20. 겨자씨만한 믿음 · 52
21. 실제적인 믿음 · 54

22. 아무것도 염려하지 말라 · *56*

23. 염려를 주께 맡겨라 · *58*

24. 어머니의 기도 · *59*

25. 존 뉴턴(John Newton) 어머니의 중보기도 · *61*

26. 종교개혁자 마틴 루터(Martin Luther)의 기도의 영성 · *62*

27. 성도의 위기는 기도하지 않는 것이다 · *65*

28. 위기(Crisis)는 기회(Opportunity)이다 · *67*

29. 시험을 만날 때 기쁘게 여기라 · *69*

30. 진정으로 두려워할 분 · *71*

31. 하나님이 답이다 · *73*

32. 하나님과 사람 앞에서 은총과 귀중히 여김을 받으라 · *74*

33. 자기관리 · *77*

34. 노력하는 인생 · *78*

35. 포기하지 않는 용기 · *79*

36. 인생의 3대 즐거움 · *81*

37. 일 · *83*

38. 휴식(Repose) · *86*

39. 행복 · *88*

40. 행복은 가까이에 있다 · *90*

41. 행복한 사람 · *92*

42. 마음의 골짜기를 메워라 · *93*

43. 마음이 새로워져야 한다 · *95*

44. 희망과 기쁨은 암세포를 죽이는 명약 · *97*

45. 값으로 환산할 수 없을 만큼 소중하고 귀중한 존재 · 98

46. 외모로 판단하지 말라 · 101

47. 권효가(勸孝歌) · 103

48. 순장과 고려장 · 105

49. 어머니의 사랑은 희생적인 사랑이다 · 107

50. 사랑을 베푼 자는 그만한 사랑을 받는다 · 109

51. 부부 · 111

52. 가정에 꼭 있어야 할 것과 없어야 할 10가지 · 112

53. 만남이 인생을 좌우한다 · 116

54. 침묵할 때와 말할 때 · 119

55. 다시 돌아오지 않는 것 · 122

56. 우리를 인도하시는 성령님 · 125

57. 개미 · 126

58. 도마뱀 · 128

59. 바라쿠다(BarraCuda) · 129

60. 소와 사자 · 130

61. 성공적인 예배는 인생의 열쇠이다 · 131

62. 하나님의 뜻이 무엇일까? · 134

63. 기도하기만 하면 반드시 축복은 온다 · 135

64. 탈무드에 이런 이야기가 있다 · 139

65. 편안함과 안일함 · 140

66. 끝까지 최선을 다하라 · 142

67. 은혜는 마음속에 새겨라 · 143

68. 좋은 스승을 만나는 것 · 145

69. 때로는 부정적인 감정도 유익하다 · 149

70. 어느 수도원의 수도자의 순종 · 151

71. 의미 있는 삶의 가치 · 152

72. 고난은 성공의 원동력 · 153

73. 하나님의 때를 기다리라 · 155

74. 시험에 들지 않게 깨어 기도하라 · 156

75. 시어머니를 공경하라 · 158

76. 혜월(慧月) · 161

77. 감사하는 언어를 사용하라 · 163

78. 하나님께 예배를 중단하지 말라 · 166

79. 일곱 번씩 일흔 번의 용서 · 167

80. 책임지는 한 사람 · 170

81. 습관의 실수 · 172

82. 긍정적인 마음이 성공한다 · 173

83. 욜로(YOLO) · 174

84. 부활을 의심하지 말고 믿으라 · 175

85. 인내 · 177

86. 인내하고 맞서서 승리하라 · 179

1. 삶의 태도를 바꾸라

"마음의 즐거움은 양약이라도 심령의 근심은 뼈를 마르게 하느니라"(잠 17:22)

어느 해 일본의 '아오모리현'에 있는 '후지사키 마을'의 사과 농가가 태풍으로 인해 큰 피해를 입게 되었다. 강력한 태풍 때문에 수많은 사과들이 땅바닥에 떨어져 사과의 상품 가치가 완전히 폭락하고 말았다. 많은 농부들은 환경 탓만 하고 1년 농사를 망쳤다고 절망했다. 그런데 한 농부는 달랐다. 90%의 땅바닥에 떨어져 버린 사과를 생각하기보다, 떨어지지 않은 10%의 사과에 집중했다.

그는 땅에 떨어져 버린 90%의 사과와 달리, 나무에 달려 있는 10%의 사과가 '풍속 53.9미터의 강풍에도 떨어지지 않은 사과'라는 사실을 생각해 냈다. 그리고 '떨어지지 않은 사과'라는 이름을 붙여 대학 합격을 기원하는 상품으로 팔기로 했다. 종이 선물 상자에 강풍에도 떨어지지 않았다는 것을 나타내는 증명서를 사과와 함께 넣어 포장했다. 정월에 참배객이 많이 모이는 수도권과 간사이 등의 유명한 신사에서 '운이 좋은 사과'라는 이름으로 사과를 팔았다. 결과는 대성공을 거두어 목표 판매량인 30만 개를 다 팔았다고 한다.

사람들은 좋지 못한 환경이 주어지면 보통 두 가지 반응을 보인다. 첫째로, 좋지 못한 환경이지만 가능성을 찾는 사람이 있다. 이 사람은 환경을 탓하기보다 앞에서 예를 든 일본의 사과 농부와 같이 '현재 내가 할 수 있는 것이 무엇일까?', '많은 것을 잃었지만 나에게 남아 있는 것이 무엇일까?', '어렵지만 그래도 감사할 것이 무엇일까?'를 생각한다. 그리고 있는 자리에서 할 수 있는 것을 하나씩 시도해 본다.

둘째로, 주어진 환경만을 탓하며 절망하는 사람이 있다. 이 사람은 "환경 때문에 내 인생이 이렇게 어렵게 되었다", "환경이 좋지 못해 할 수 있는 것이 없다", "환경이 어렵기 때문에 해보나마나다"라고 말한다. 그리고 아무것도 시도하지 않으려고 한다.

우리는 스스로를 생각해 보고 점검해 보아야 한다. 우리는 어떤 부류의 사람들인가? 환경을 뛰어넘는 사람들인가? 아니면 환경 탓만 하는 사람인가?

존 밀러(John Miller)는 「바보들은 항상 남의 탓만 한다」라는 제목의 책을 썼다. 그가 성공한 사람들을 찾아가서 "당신을 변화시킨 것이 무엇이냐?"라고 물었더니 이렇게 대답했다. "상대방을 변화시키겠다는 생각을 접었더니 그제야 내가 변했다." 많은 사람들이 범하는 실수 중의 하나가 '다른 사람을 변화시키면 뭔가 되겠지'라는 생각이다. '환경이 변하면 그때 내가 뭔가 할 수 있겠지'라고 생각한다. 그러나 그것은 잘못된 생각이다.

물론 환경이 변하면 내가 어느 정도까지 변할 수 있다. 그러나 그것은 한계가 있다. 변한 것같이 보일 뿐이다. 우리에게는 환경을 바꾸는 노력도 필요하지만, 우리 자신을 바꾸는 노력이 더 필요하다. 환경이 변해야 내가 사는 것이 아니라, 내가 변해야 환경이 바뀌는 것이다. 이것이 성경에서 가르치는 삶의 원리이다.

2. 부족함이 오히려 축복

"나는 비천에 처할 줄도 알고 풍부에 처할 줄도 알아 모든 일 곧 배부름과 배고픔과 풍부와 궁핍에도 처할 줄 아는 일체의 비결을 배웠노라"(빌 4:12)

몽골 제국의 제1대 왕 칭기즈칸(Chingiz Khan)의 명언이 있다. "집안이 나쁘다고 탓하지 말라. 나는 아홉 살 때 아버지를 잃고 마을에서 쫓겨났다. 가난하다고 말하지 말라. 나는 들쥐를 잡아먹으며 연명했고, 목숨을 건 전쟁이 내 직업이고 내 일이었다. 작은 나라에서 태어났다고 말하지 말라. 그림자 말고는 친구도 없고, 병사로만 10만 백성은 어린애, 노인까지 합쳐 2백만도 되지 않았다. 배운 게 없다고 힘이 없다고 탓하지 말라. 나는 내 이름도 쓸 줄 몰랐으나 남의 말에 귀 기울이면서 현명해지는 법을 배웠다. 너무 막막하다고, 그래서 포기해야겠다고 말하지 말라. 나는 목에 칼을 쓰고도 탈출했고, 얼굴에 화살을 맞고 죽었다 살아나기도 했다. 적은 밖에 있는 것이 아니라 내 안에 있었다. 나는 내게 거추장스러운 것은 깡그리 쓸어버렸다. 나를 극복하는 그 순간 나는 칭기즈칸이 되었다."

그리고 칭기즈칸이 했던 말 중에서 "전사는 태어날 때 정해지는 것이 아니라 길러지는 것이다."라고 했던 말을 우리는 기억해야 한다. 칭기즈칸의 명언이 우리에게 가르쳐 주는 교훈이 있다. 그것은 오히려 부족함 때문에 잘 될 수 있다는 것이다. 집안이 나쁘다고 탓하지 말라. 작은 나라에서 태어났다고 말하지 말라. 배운 게 없다고 힘이 없다고 탓하지 말라. 물론 부족함 때문에 실패한 인생을 살아가는 사람들이 많이 있는 것도 사실이다. 그러나 그 부족함을 어떻게 대하느냐에 따라 부족함은 실패가 아닌 성공의 원인도 될 수 있다. 세상적인 관점에서 보면 부족함은 저주처럼 보이지만, 부족함이 오히려 축복이 될 수도 있다.

3. 범사에 감사하라

"범사에 감사하라. 이것이 그리스도 예수 안에서 너희를 향하신 하나님의 뜻이니라"(살전 5:18)

예수님을 잘 믿는 할아버지가 계셨다. 그분은 입술에 항상 '감사합니다.'라는 말이 붙어 있었다. 그래서 '감사 할아버지'라는 별명이 붙었다. 어느 날 감사 할아버지가 고기 한 근을 사가지고 오시다가 돌에 걸려 넘어졌다. 그때 지나가던 개가 고기를 물고 달아나 버렸다. 할아버지는 물끄러미 개를 보고 있다가 갑자기 "하나님, 감사합니다." 하는 것이다. 마침 그 곁을 지나가던 젊은이가 말했다.

"할아버지, 무엇이 감사하세요? 돌에 걸려 넘어졌고, 비싼 돈을 주고 사 온 고기도 개에게 빼앗겼는데 무엇이 감사합니까?"

그때 감사 할아버지는 이렇게 말했다.

"젊은이, 나는 고기는 잃어버렸지만 내 입맛은 빼앗기지 않고 그대로 있지 않은가?"

어떤 상황에도 감사의 조건을 찾고, 감사로 하나님께 영광 돌리는 자는 복 있는 사람이다. 반대로 항상 원망과 불평이 습관화된 사람들도 있다.

어떤 마을에 온천과 냉천이 함께 솟아나는 신기한 곳이 있었다. 한쪽에서는 부글부글 끓어오르는 온천이 솟고, 그 옆에서는 얼음같이 차가운 냉천이 솟아올랐다. 동네 여인들은 빨랫감을 가지고 와 온천에서는 빨래를 삶고, 냉천에서는 헹구어 집으로 가져가곤 했다. 그 모습을 본 관광객이 안내하던 사람에게 물었다.

"여기 사람들은 찬물과 더운물을 마음대로 쓸 수 있어서 참 좋겠습니다. 이 마을 사람들은 하나님께 감사하는 마음이 많겠죠?"

그러자 안내원이 말했다. "천만에요. 이 마을 사람들은 불평이 더 많습니다. 더운물과 찬물이 나오는 것은 좋은데 빨랫비누까지 나오지 않는다고 불평이 많습니다."

감사할 수 없는 상황에서 감사하는 사람이 있고, 감사할 수밖에 없는 상황에서도 불평하는 사람이 있다. 성경은 범사에 감사하라고 명령한다.

"범사에 감사하라. 이것이 그리스도 예수 안에서 너희를 향하신 하나님의 뜻이니라"(살전5:18)

'범사'는 '모든 일에'라는 의미의 'in everything' 혹은 '어떠한 상황에서'라는 의미의 'in all circumstances'라고 번역하고 있다.

다시 말해서, 모든 일 가운데에서 모든 상황 가운데에서 감사하라는 것이다. 범사에 감사하란 말은 '처해진 환경이나 상황에 관계없이 모든 일에 감사하라'는 것이다.

4. 감사

"감사로 제사를 드리는 자가 나를 영화롭게 하나니 그의 행위를 옳게 하는 자에게 내가 하나님의 구원을 보이리라"(시 50:23)

헬렌 켈러(Helen Adams Keller)가 쓴 「내가 만일 3일만 볼 수 있다면」이라는 책이 있다.

그 책의 내용을 보면 "나에게 만일 3일만 볼 수 있는 능력이 주어진다면 첫째 날은 나에게 친절과 따뜻함 그리고 우정을 통해 나의 인생의 가치를 일깨워 준 사람들을 보고 싶다. 누구보다 먼저 나에게 이 세상을 보게 해 준 나의 스승 설리번의 얼굴이 보고 싶고, 친구들의 얼굴, 아기의 순결한 얼굴도 보고 싶고, 그리고 오후가 되면 숲속을 거닐며 자연의 아름다움을 느끼고 싶고, 그리고 저녁이 되면 불타는 저녁노을을 기도하며 지켜보고 싶다.

둘째 날은 새벽에 일어나 밤이 낮으로 바뀌며 지구가 깨어나는 그 경이로움을 지켜보고 싶고, 나는 이날 인류 역사의 과거 현재가 숨 쉬는 뉴욕 자연 박물관을 꼭 방문하여 그곳에서 선사시대의 공룡들과 인류의 찬란한 유적을 보고, 다음은 메트로폴리탄(Metropolitan) 미술관을 방문하여 유명한 화가들이 그려놓은 아름다운 그림과 조각품들을 감상하고, 저녁이 되면 극장에 가서 영화를 보고 싶다.

셋째 날은 다시 나는 일찍 일어나 동트는 아침을 지켜보며 이날의 새로운 계시를 체험하고, 이날 나는 무엇보다 사람들이 살아가는 모습과 거리의 풍경, 강이 흐르는 모습, 보트가 떠내려가는 모습, 높이 솟은 탑 엠파이어 빌딩의 모습을 보고, 5번가에서 시작하여 슬럼가 그리고 외국 문물이 숨 쉬는 곳들도 보면서 사람들의 기쁨과 슬픔을 함께 느끼고 싶다. 그리고 마지막으로 밤이 깊어가 나의 마지막 밤이 문을 닫을 때 나는 이 사흘간 보았던 모든 기억들을 소중히 간직하며 감사할 것이다."라고 말하고 있다.

보지 못하고 듣지 못하고 말하지 못하고 평생을 산 여인이 아름다운 스승 설리번을 만나 이토록 눈물겨운 감사를 말하고 있다면 오늘 우리의 감사는 무엇이어야 할까? 우리의 눈을 열어 새 세상을 보게 하신 위대한 스승, 우리의 눈을 여시고 어둠을 쫓아내고자 당신의 생명까지 내어주신 예수님을 구주로 만난 사람들이라면, 오늘 우리는 그 무엇으로도 지울 수 없고 그 무엇으로도 비교할 수 없는 감사에 빚진 자들이 아닐까?

그리스도인의 믿음을 평가하는 기준은 '얼마나 감사하며 사는가'이다. 기쁠 때나 슬플 때나 형통할 때나 그렇지 않을 때에도 범사에 감사하는 삶이야말로 믿음의 최고의 경지에 이른 사람이라고 볼 수 있다. 하나님께서는 환경과 여건에 따라 감사하라고 하시지 않으셨다. 하나님이 베풀어주신 은혜를 생각하면서 환경과 상관없이 먼저 감사하라고 하셨다. 감사에는 능력이 있다. 감사하는 사람만이 하나님의 기적을 체험할 수 있다. 하나님께서는 우리가 드리는 감사를 통해 능력을 나타내신다. 하나님께 감사를 드릴 때 하나님은 그것을 기쁘게 여기신다. 또 감사를 드리는 사람에게 험한 세상을 넉넉히 이겨나갈 큰 능력을 주신다.

5. 감사와 불평

"여호와 앞에 잠잠하고 참고 기다리라 자기 길이 형통하며 악한 꾀를 이루는 자 때문에 불평하지 말지어다 분을 그치고 노를 버리며 불평하지 말라 오히려 악을 만들 뿐이라"(시 37:7-8)

미국 캘리포니아 대학의 '로버트 에머슨(Robert A. Emmons)' 심리학 교수와 마이애미 대학교 '마이클 매컬로프(Michael E. McCullough)' 심리학 교수는 "감사하는 태도가 삶에 미치는 영향"이라는 연구를 하였다. 그들은 실험 집단을 세 집단으로 나누어 1주일간 실험 처치를 하였다. A 집단의 사람들에게는 '기분 나쁜 일에 집중'하도록 하고, B 집단에게는 '감사하는 일에 집중'하도록 하였으며, C 집단에게는 '평범한 일에 집중'하도록 하였다.

결과는 충격적이었다. 그들은 실험 대상자들을 1년간 심리분석하였는데, 단 1주일간의 실험 처치였음에도 불구하고 C 집단의 사람들은 별다른 변화가 없었지만 A 집단의 사람들 중에는 불평불만을 토로하는 사람들이 많아졌고, B 집단의 사람들 중에는 매사에 감사하는 사람들이 많아졌다고 한다.

특히 B 집단 사람들은 삶이 행복하고, 스트레스를 적게 받으며, 어려운 일도 수월하게 극복하는 것으로 나타났다. 그들의 부부관계는 매우 원만하였으며, 행복지수도 높게 나타났다. 감사하는 마음가짐이 긍정적이고 수용적이며, 적극적인 사람으로 변화시킨 것이다. 반면에 A 집단의 사람들은 행복지수도 낮았고, 일도 제대로 풀리지 않았으며, 스트레스도 많이 받는 것으로 나타났다. 이를 통해 알 수 있는 것은 감사하는 마음이 행복의 지름길이라면 불평은 불행의 지름길이라는 것이다. 현재의 상황에 감사하다는 마음을 가진 사람은 최악의 상황과 비교하는 사람이고, 불평을 토로하는 사람은 최상의 상황과 비교하는 사람이다. 행복의 비결은 감사이며, 불행의 원인은 불평이다.

인도의 시인 '타고르(Rabindranath Tagore)' 하면 우리에게 친숙한 「동방의 등불」이라는 시가 떠오른다.

일찍이 아시아의 황금 시기에
빛나던 등불의 하나인 코리아

그 등불 다시 한번 켜지는 날에
너는 동방의 밝은 빛이 되리라

"아시아 최초의 노벨 문학상 수상자"인 타고르는 감사의 분량과 행복의 분량은 비례한다고 말하였다.

행복한 사람들은 고난 속에서도 감사하고, 사소한 일상에서도 감사하다고 말한다. 반면에 불행하다고 말하는 사람들은 감사할 상황에서도 불평불만을 토로한다.

중요한 것은 마인드(Mind)이다. 긍정적인 마인드를 가져야 한다. 긍정의 마인드는 습관이기 때문에 훈련과 연습이 필요하다. 감사의 마음 역시 습관이기 때문에 훈련과 노력이 필요하다. 습관이 아닌 행동은 없다. 행동은 생각에서 기인된다. 긍정의 마인드가 긍정의 행동과 습관을 만들어 낸다. 이런 측면에서 본다면 자녀를 교육할 때 가르쳐야 할 말의 순서는 '엄마 → 아빠' 그 다음에는 '감사합니다. → 고맙습니다.'가 되어야 할 것이다.

감사할 일은 밖에서 찾는 것이 아니다. 안에서 찾고, 안에서 캐내야 한다. 'Think(생각)'와 'Thank(감사)'는 스펠링 한 개 차이다. 'i'를 'a'로 바꾸면 생각(Think)이 감사(Thank)가 된다. 그래서 생각이 감사를 만들어 낸다고 하는 것이다. 감사는 '생각의 문제'이기 때문이다. 따라서 감사할 일은 외부에 있는 것이 아니라 내면에 있는 것이다.

잠자고 있는 생각을 깨워야 한다. 그리고 그 생각을 감사로 바꿔야 한다. 코카콜라의 사장 '더글러스 대프트(Douglas Daft)'도 "생각을 바꾸면 모든 것이 바뀐다."라고 하였다. "생각이 바뀌면 행동이 바뀌고, 행동이 바뀌면 습관이 바뀌고, 습관이 바뀌면 인격(인품)이 바뀌고, 인격이 바뀌면 인생이 바뀐다"라는 말은 그의 유명한 말이다.

  칭찬은 감사를 낳는다. 친절도 감사를 낳는다. 우리는 칭찬과 친절을 아끼지 말아야 한다.

  '켄 블랜차드(Ken Blanchard)'는 "칭찬은 고래도 춤추게 한다"라고 하였고, '루이스 B. 스미스(Lewis B. Smith)'는 "칭찬은 바보도 천재로 만든다."라고 하였다. 디즈니랜드의 창업자 '월트 디즈니(Walt Disney)'는 "친절은 아무리 퍼내도 마르지 않는 영혼의 샘물"이라고 하였다.

  우리나라 속담에도 "말 한마디가 천 냥 빚을 갚는다"라고 하였다. 이 말은 친절의 중요성을 뜻하는 말이다. 베풀수록 커지는 마음의 양식이 칭찬과 친절이다. 칭찬과 친절은 긍정의 변화를 가져오게 한다. 반면에 불평은 또 다른 불만을 낳는다. 인간의 욕망은 끝이 없기 때문에 현실에 만족하지 못하면 언제나 불평불만이다. 행복지수는 가진 것, 소유하고 있는 것을 욕망으로 나눈 값이다.

  따라서 행복지수를 높이려면 더 많이 갖든지 아니면 욕망을 줄여야 한다. 욕망을 줄이는 방법은 생각을 바꾸는 것이다. 감사하는 마음으로 생각을 바꾸면 욕망은 줄어든다. 감사의 반대말은 불평이 아니다. 생각을 바꾸는 것이다. 생각을 바꾸면 불평도 감사가 된다. 늘 감사하는 마음으로 세상을 대하면 삶은 더욱더 행복해질 것이다. 감사하는 마음이 행복의 지름길이다. 불평이 불행의 원인이다. 행복은 감사의 결과이다.

6. 겸손1

"나는 마음이 온유하고 겸손하니 나의 멍에를 메고 내게 배우라 그리하면 너희 마음이 쉼을 얻으리니 이는 내 멍에는 쉽고 내 짐은 가벼움이라 하시니라"(마 11:29-30)

'겸손'이라는 단어의 뜻은 다양하다. '자기를 낮추다', '자기를 괴롭히다', '짓눌리다', '고삐를 매다', '재갈을 먹이다'라는 뜻이 겸손이라는 낱말 속에 들어있다.

그러면 겸손은 무엇인가? '입에 재갈을 물리고 아무 말이나 내뱉지 않는 것', '고삐를 매어 아무 짓이나 못하게 하는 것', '자기를 낮추고 자기를 짓누르고 자기가 괴로움을 당하더라도 남을 괴롭히지 않는 것'이 겸손이다.

어느 날 제자들이 어거스틴에게 물었다.

"그리스도인이 지켜야 할 가장 큰 덕이 있다면 무엇이라고 생각하십니까?"

어거스틴은 "그것은 겸손이다." 라고 대답했다.

"그렇다면 두 번째는 무엇입니까?"

"그것도 겸손이니라."

"세 번째는 무엇입니까?"

"그것도 겸손이니라."라고 대답했다.

우리가 진실로 겸손한 사람이 되려면 말이 겸손해야 한다.

"언중유골(言中有骨)"이란 말이 있다.

이 말의 뜻은 "말 속에 뼈가 있다"라는 뜻이다. 우리가 늘 하는 말 속에 가시가 들어있거나 독이 들어있으면 안 된다. 말 속에 교만이 끼어들면 안 된다. 항상 자기보다 남을 낮게 여기는 겸손한 마음으로 말을 해야 한다.

평안북도 정주에서 머슴살이하던 청년이 있었다. 눈에는 총기가 있고 동작이 빠르며 똑똑한 청년으로, 아침이면 일찍 일어나 마당을 쓸고 일을 스스로 찾아서 했다. 그 머슴은 아침이면 주인의 요강을 깨끗이 씻은 후 햇볕에 말려서 다시 안방에 들여놓았다.

주인은 집안이 가난했던 이 청년을 머슴으로 두기에는 너무 아깝다고 생각하고 평양 숭실학교를 거쳐 일본 메이지(明治) 대학교 법학과에 입학시켜 주었다. 공부를 마친 청년은 고향으로 돌아와 오산학교 교사를 거쳐 그 학교의 교장 선생님이 되었다. 주인의 요강을 씻어 대학까지 졸업한 그가 바로 민족독립운동가 고당(古堂) 조만식(曺晚植) 선생이시며 평양 산정현교회 장로이시다. 훗날 사람들이 조만식 선생에게 물었다.

"머슴이 어떻게 대학 가고 선생이 되고 독립운동가가 되셨나요?"

그러자 조만식 선생은 "주인의 요강을 정성 들여 씻는 성의를 보여라."라고 대답하였다. 남의 요강을 닦는 겸손과 자기를 낮출 줄 아는 아량, 그게 조만식 선생을 낳게 했다.

제아무리 말이나 행동이 겸손해도 마음속에 교만이 들어차 있으면 안 된다. 얼마든지 겉포장은 겸손한 척 위장할 수가 있기 때문이다. 마음속에 교만이 있으면 행동으로 순간순간 교만이 드러난다. 그러나 마음이 온유하고 겸손하면 순간순간 겸손이 드러난다. 자기가 가진 지식 때문에, 위치 때문에, 소유 때문에, 경력 때문에, 경험 때문에, 재능이나 재주 때문에, 영적 체험이나 직분 때문에 교만하지 말아야 한다. 무엇보다도 겸손 또 겸손해야 한다. 특히 마음이 겸손해야 한다. 겸손은 바로 예수님의 마음이기 때문이다. 예수님은 "나는 마음이 온유하고 겸손하니"라고 하셨다.

7. 겸손2

"여호와여 주는 겸손한 자의 소원을 들으셨사오니 그들의 마음을 준비하시며 귀를 기울여 들으시고"(시 10:17)

무엇보다 우리는 겸손한 마음을 가져야 한다. 겸손은 은혜를 은혜답게 하는 것이고, 축복을 축복답게 만드는 것이다. 그럼 우리가 어떻게 겸손한 사람이 될 수 있을까? 첫째, 겸손이 무엇보다 중요한 것인 줄 알아야 한다. 둘째, 겸손하고자 하는 피나는 노력이 있어야 한다. 셋째, 그렇게 노력한 다음에 나 스스로는 겸손할 수 없는 존재임을 깨달아야 한다.

사람은 본능적으로 조금이라도 무엇인가 있으면 고개가 높아지는 경향이 있다. 그때 "내 안에 이처럼 교만함이 있구나!"라고 인정하고 하나님의 은혜를 간구해야 한다. 그리고 우리의 겸손을 위해서 주어지는 모든 상황을 은혜로 수용할 수 있어야 한다. 내가 겸손해지기 위해서라면 병들어도 좋고, 실패해도 좋고, 욕을 먹어도 좋고, 수치를 당해도 좋다는 자세가 있어야 한다. 이런 사람을 전천후 신앙인이라고 한다. 우리에게는 그런 전천후 신앙이 필요하다. 우리는 겸손해지기 위해 최선을 다해야 한다. 왜냐하면 하나님의 은혜는 겸손한 자에게 주어지기 때문이다.

예수님께서도 "나는 마음이 온유하고 겸손하니 나의 멍에를 메고 내게 배우라"(마 11:29)라고 말씀하셨다.

아랍 속담에 "낙타에게 겸손을 배우라"라는 말이 있다. 낙타는 사람보다 큰 짐승이지만 주인에게 무릎을 잘 꿇는다. 작은 눈짓, 손짓에 예민하게 반응하여 무릎을 잘 꿇는다. 그리고 어떤 짐이라도 불평 없이 감당한다. 주인이 원하는 곳이라면 어디든 가기를 주저하지 않는다. 그러기에 낙타에게 겸손을 배우라는 것이다. 그런가 하면 어떤 시인은 "흐르는 골짜기 물에서 겸손을 배우고, 강과 바다에서 겸손을 배우라"라고 한다. 겸손을 배워서 겸손으로 자신은 물론, 세상을 살리라는 말이다.

그러기에 동서고금(東西古今)을 막론하고 세상을 미리 살았던 선각자(先覺者)들은 첫 번째 덕목으로 "겸손"을 말했다. 철학은 물론,

문학에서도 겸손은 매우 중요한 주제였다. 석가모니의 가르침에도 겸손이 있고, 공자의 가르침에도 겸손이 있다. 팔만대장경은 물론, 명심보감에도 겸손을 덕목으로 가르친다. 주후 3세기경에 살았던 '성 어거스틴(Aurelius Augustinus)'도 최고의 덕목을 겸손이라 말했고, 겸손은 천국으로 올라가는 첫 번째 계단이라 말했다. 이뿐 아니라. 유명한 감리교 창시자인 '요한 웨슬리(John Wesley)'도 겸손은 천국문을 여는 열쇠라고 주장했다.

이러한 이유 때문에 영국이 낳은 최고의 기독교 지성으로 알려진 '로버트 머리 맥체인(Robert Murray M'Cheyne)' 목사도 "그리스도인에게 최고의 축복은 겸손이다"라고 말한 바 있다. 왜냐하면 겸손이야말로 예수님을 가장 잘 표현해 주는 삶의 방식이기 때문이다. 잘 아시다시피 겸손은 낮은 곳을 지향한다. 겸손은 진실하다. 겸손은 부드럽고 따뜻하다. 겸손은 말보다 행함이다. 겸손에는 인내가 있고 섬김이 있다. 겸손은 위엄이 있고 무게감이 있다. 겸손은 결코 남에게 해를 입히지 않는다. 때로는 누운 풀처럼 연약해 보이고, 죽은 시체처럼 침묵하더라도 겸손에는 능력이 있다. 이러한 겸손의 사람을 꿈꾸는 자는 겸손할 수 있다.

한자성어에 "식자우환(識字憂患)"이란 말이 있다. "아는 것이 문제가 된다"라는 말이다. "선무당이 사람 잡는다"라는 말처럼 어설프게 배운 사람이 잘난 체 교만에 빠진다는 말이다. 어설프게 조금 가진 사람이 겸손과 담을 쌓고 살아간다. 실상은 실속 없는 껍질을 붙들고 있으면서 행복한 척한다. 그러면서 주변에 해악을 끼친다. 이렇게 살아서는 안 된다는 말이다.

잠언 3장 34절에서 "진실로 그는 거만한 자를 비웃으시며 겸손한 자에게 은혜를 베푸시나니"라고 하셨다. 그러기에 겸손의 덕목으로 살아야 한다. 그러기 위해 자신을 끊임없이 확인해야 한다. 그럴 때에야 자신은 물론, 교회와 하나님, 더 나아가 세상을 밝게 하는 그리스도인으로 살아갈 수 있다. 이것이 곧 내적인 입을 크게 여는 것이며, 축복을 축복답게 만드는 것이다.

8. 그리스도인이 가져야 할 좋은 습관

"예수께서 나가사 습관을 따라 감람산에 가시매 제자들도 따라갔더니"(눅 22:39)

우리에게는 자기만의 습관이 있다. 그런데 습관에는 좋은 습관과 나쁜 습관이 있다. 어차피 들일 습관이라면 나쁜 습관보다 좋은 습관을 들이는 것이 좋다.

'케네디(John Fitzgerald Kennedy)', '빌 게이츠(Bill Gates)', '톨스토이(Lev Nikolayevich Tolstoy)', '스필버그(Steven Allan Spielberg)', '워렌 버핏(Warren Buffett)', 세계 랭킹 3위까지 올라갔던 천재적 경영자 '손정의' 등 이들은 어린 시절부터 좋은 습관을 길러 세계의 중심에 선 사

람들이다. 위인들의 성공 뒤에는 좋은 습관이 있었다.

어느 제자가 스승에게 "습관이란 무엇입니까?"라고 물었다. 이에 스승은 제자를 데리고 동산에 올라가 방금 돋아난 어린 풀, 조금 자랐으나 뿌리가 내린 풀, 키 작은 어린 나무, 다 자란 키 큰 나무를 각각 가리키면서 제자더러 방금 돋아난 어린 풀과 조금 자라 뿌리를 내린 풀을 뽑아보라고 하였다.

제자는 풀을 뽑고는 "쉽게 뽑히는데요."라고 하였다. 계속해서 스승은 작은 나무를 뽑아보라고 했다. 제자는 그 역시 쉽게 뽑힌다고 하였다. 스승은 또 다 자란 키 큰 나무를 뽑아보라고 하니 제자는 힘을 다했으나 뽑을 수 없었다고 하였다.

그러자 스승은 "그것이 바로 습관의 모습이다. 습관이란 처음에는 마음에 따라 조절할 수 있다. 그러나 뿌리를 깊이 내리고 크게 자라면 마음대로 되지 않는다. 나쁜 습관은 아예 처음부터 뿌리를 뽑고 좋은 습관은 큰 나무로 자랄 수 있도록 키워라."라고 설명했다.

"세 살 버릇이 여든 간다"라는 속담이 있다. 잘못된 습관을 고치는 것은 힘든 일이다. 좋은 습관을 가져야 한다.

생각이 바뀌면 행동이 바뀌고 행동이 바뀌면 습관이 바뀌고 습관이 바뀌면 인생이 바뀐다. 우리는 삶 속에서 늘 좋은 습관이 몸에 배어 하나님께 감사하고, 하나님 앞에 영광을 돌려야 한다. 그것이 신앙생활의 승리이다.

그러면 그리스도인이 가져야 할 좋은 습관은 어떤 것일까? 첫째, 기도하는 습관이다. 기도 자체가 하나의 형식에 그쳐서는 안 되지만 습관화될 필요는 있다. 예수님도 습관에 따라 기도하셨고, 다윗도,

다니엘도, 초대교회 성도들도 습관에 따라 기도했다. 우리들도 생활 속에 늘 기도가 자연스럽게 이루어지도록 하여야 하겠다.

둘째, 성경을 읽는 습관이다. 성경에 "사람이 떡으로만 살 것이 아니라 하나님의 입에서 나오는 모든 말씀으로 살 것이다"(마 4:4)라고 기록되어 있다. 성경을 읽지 않고서 참된 그리스도인의 생활을 하기란 불가능하다. 성경을 합당하게 읽지 않고서 하나님의 뜻을 이해하기란 쉬운 일이 아니다. 만약 성경 읽기가 결핍되거나 불완전할 때 우리는 영적 궁핍에서 벗어날 길이 없다. 성경을 제대로 읽을 수 있을 때라야 우리의 신앙은 견고하고도 풍성해질 수 있는 것이다.

"이 율법책을 네 입에서 떠나지 말게 하며 주야로 그것을 묵상하여 그 안에 기록된 대로 다 지켜 행하라 그리하면 네 길이 평탄하게 될 것이며 네가 형통하리라"(수 1:8)

셋째, 찬송하는 습관이다. 하나님은 찬송 가운데 거하시며 임하신다. 우리는 기분 좋을 때뿐만 아니라 나쁠 때도, 힘들 때와 환란과 고난 속에서도 찬송해야 한다. 바울과 실라가 빌립보 감옥 속에서 하나님께 기도하고 찬미했을 때 놀라운 기적을 체험할 수 있었다. 찬송이 우리의 입가에서 떠나지 않아야 한다. 찬송은 곡조 있는 기도이다.

넷째, 봉사하는 습관이다. 봉사는 남을 행복하게 할 뿐 아니라, 자신이 먼저 행복해지는 좋은 습관이기에 이 습관을 몸에 익혀야 한다.

다섯째, 전도하는 습관이다. 사도행전 5장 42절에서 그들은 날마다 성전 뜰에서, 그리고 집집마다 다니며 예수님이 바로 그리스도라는 복음의 내용을 쉬지 않고 가르치고 전했다. 우리는 예수님의 지상명령인 전도에 온 힘을 기울일 필요가 있다.

우리 믿음의 사람들은 좋은 습관을 가져야 한다. 열심히 신앙생활하는 습관, 남을 돕고 봉사하는 습관, 교회를 위해 충성하는 습관, 이와 같은 좋은 습관을 가져야 한다. 그리고 신앙생활을 위해서도 부지런한 습관을 길러야 한다. 성경에도 열심히 일하고 게으르지 말고 성령으로 달구어진 마음을 가지고 주님을 섬기라고 권면한다(롬 12:11).

주님이 다시 오리라 약속하신 그날이 다가오고 있다. 게으름 피울 때가 아니다. 깨어 일어나서 믿음의 좋은 습관을 길러야 하겠다. 그것은 악한 날에 쓰러지지 않고 싸움이 끝난 후에도 굳건히 서기 위해서이다(엡 6:13).

9. 내가 변해야 하고 바뀌어야 한다

"너는 네 눈 속에 있는 들보를 보지 못하면서 어찌하여 형제에게 말하기를 형제여 나로 네 눈 속에 있는 티를 빼게 하라 할 수 있느냐 외식하는 자여 먼저 네 눈 속에서 들보를 빼라 그 후에야 네가 밝히 보고 형제의 눈 속에 있는 티를 빼리라"(눅 6:42)

사람이 중요하다. 사람이 모든 문제의 본질이며 해답이다. 그러나 완전한 사람은 없다. 사람은 누구나 용서를 필요로 하고, 도움을 받아야 한다. 용서받지 못하는 사람은 미래로 나아갈 수 없다. 친구의 도움이 없이는 누구도 위대해질 수 없다. 그렇기 때문에 사람은 혼자가 아니라 함께 하여야만 하는 것이다.

사람은 평생 '함께' 살아가는 법을 배운다. 어쩌면 그게 교육의 본질이며, 사회생활의 요점이 아닌가 한다. 여기에는 자기와 다른 사람을 받아들이고, 서로를 위해 적절한 거리를 찾아내고, 조화를 유지하고, 나의 감정과 다른 사람의 감정을 배려하는 것이 포함된다. 사람이 가깝다는 것은 모든 것을 다 알고 항상 함께 하는 것이 아니다. 내가 필요로 하는 것과 상대방이 줄 수 있는 것 사이의 조절이 필요하다. 그래서 사귄다는 것은 설득과 이해의 과정을 끊임없이 반복하는 것이다. 설득하지 않으면 상대방이 변하지 않고, 이해하지 않으면 내가 변하지 못한다. 사람을 설득하기 위해서는 감정이 아니라 설명이 필요하다. 말하지 않아도 알아주기를 바라는 것은 우리가 사랑의 관계에서 흔히 가지는 과욕(過慾)이다.

설사 사귐에서 그런 단계가 있다고 하더라도, 그것은 많은 설득의 결과로 주어지는 것이지 저절로 그렇게 되는 것은 아니다. 이해도 중요하다. 인격적인 변화는 순식간에 일어나지 않는다. 많은 시간을 필요로 한다는 것은, 그 관계를 유지하기 위해서는 계속해서 많이 좌절하고 힘들어야 한다는 의미이기도 하다. 그럼에도 불구하고 용서하며 인내할 때에 변화가 일어난다. 여기에 요점이 있다. 결국 다른 사람을 변화시키려는 사람은 자신부터 변해야만 하는 것이다.

어린아이가 세상에 태어났다. 그 아이의 목표는 너무나 원대했다. 그 아이는 세상을 바꾸는 것이 결코 만만치 않은 일임을 깨닫고 이렇게 포부를 조금 줄였다.

"난 반드시 우리나라를 바꾸겠어."

또 세월이 지나고 그 아이는 청년이 되었다. 역시 세상의 벽에 부딪히며 그 또한 쉬운 일이 아님을 알고 이렇게 외쳤다.

"난 우리 마을만이라도 바꾸겠어!"

그 청년이 결혼하고 나이를 먹게 되었다. 세상을 살면서 더 수많은 어려움이 있었고 그 어려움에 흔들리다 보니 이 역시 만만하지 않음을 알고 마지막으로 자신없게나마 이렇게 외쳤다.

"난 우리 가족이라도 바꿔보겠어!"

그 사람은 이제 나이를 먹고 임종이 다가옴을 알게 되었다. 가쁜 숨을 몰아쉬면서 힘겹게 마지막 준비를 하던 중 그는 결국 한 가지 사실을 알게 되었다. 가족의 변화는커녕 결국 자기 자신 하나도 바꾸지 못했음을. 그리고 그제야 그는 깨닫게 되었다.

더 큰 꿈, 더 원대한 목표를 이루기 위해서는 자기 자신부터 바뀌어야 했음을 말이다. 자기 자신이 바뀌었다면 자기 가족이 바뀌었을 것이고, 자기 가족이 바뀌었다면 자기 마을이 바뀌었을 것이고, 그렇게 계속 바뀌다 보면 세상이 바뀔 수도 있었음을 말이다. 그제서야 노인은 알게 되었다.

10. 독수리의 거듭남

"보라 인내하는 자를 우리가 복되다 하나니 너희가 욥의 인내를 들었고 주께서 주신 결말을 보았거니와 주는 가장 자비하시고 긍휼히 여기시는 이시니라"(약 5:11)

독수리는 새롭게 거듭나기 위해서, 자신의 목숨을 걸고 자기 혁신을 한다. 새 중에서 독수리는 가장 오래 사는 새이며, 70년까지 살 수 있다. 그러나 70년을 살기 위해서는 40살 정도 이르렀을 때 신중하고도 어려운 결정을 해야만 한다. 40살 정도가 되면 독수리는 발톱이 안으로 굽어진 채로 굳어져서 먹이를 잡기조차 어려워진다. 길고 날카로운 부리는 독수리의 가슴 쪽으로 굽어져 가슴 쪽으로 파고 들고, 날개는 약해지고 무거워지며 깃털들은 두꺼워지고 날아다니는 것이 견디기 어려운 짐이 된다. 이때 독수리는 두 가지 중 한 가지를 선택하여야 한다. 1년쯤 더 살다가 죽든지, 아니면 고통스러운 변신의 과정을 통하여 완전히 새롭게 거듭 태어나 30년을 더 살 것인지를 말이다.

결단한 독수리는 환골탈태(換骨奪胎)를 하기 위해 아주 긴 150일 동안 고통의 날들을 보내야 한다. 산꼭대기에 올라가서 절벽 끝에 둥지를 틀고 전혀 날지 않고 둥지 안에 머물러 있으면서, 자신의 부리가 없어질 때까지 바위에 대고 처절하게 치고 으깨어 자신의 부리를 뽑는 고통의 일이다. 그리고 새로운 부리가 날 때까지 오랜 시간을 기다린 후에, 그 자리에 날카로운 새 부리가 돋아나면 그 부리를 가지고 발톱을 하나하나 뽑아내는 일을 한다. 그렇게 새로운 발톱이 다 자라나면 이제는 낡은 깃털을 뽑아낸다.

독수리는 40살이 되면 새로운 부리, 새로운 발톱, 새로운 깃털이 생겨나 예전의 것은 전혀 찾아볼 수 없게 된다. 거듭남이란 이렇게 큰 고통이 따르게 되는 것이다. 독수리는 시기와 때를 알고 있다. 바위 위에 앉아 이 고통스러운 시간이 지나가고 따뜻한 기류가 올 때까지 기다렸다가 5개월이 지나면 독수리의 새로운 비행이 시작되고, 생명을 30년 연장할 수 있게 된다. 이러한 고통을 이겨낸 독수리는 새로운 부리, 새로운 발톱, 새로운 날개로 지난 40년보다 더 원숙한 모습으로 새 삶을 살아가게 된다.

환골탈태하기 위하여 그 참혹한 시간을 이겨내고 마침내 새롭게 거듭나는 독수리를 생각해 보면서, 독수리의 몸을 연약하게 하는 고통이 바로 강함으로 다시 태어나는 계기가 된 것이 아닌가 생각해 본다. 독수리와 우리 인간의 차이는 많이 있겠지만, 미물인 독수리도 150일을 참고 견뎌내어 새로운 삶을 찾아가는데 만물의 영장인 인간이 연약함의 고통을 외면한다면 자신의 삶을 영원히 바꿀 수 없게 될 것이다. 누구에게나 반드시 고통이 따르게 된다. 독수리처럼 우리도 자신의 목숨을 걸고 준비한다는 자세로 고통을 이겨낸다면 불가능이란 없을 것이다. 고통은 누구에게나 주어지지만 그 고통에 어떻게 대처하느냐에 따라 우리의 인생이 달라진다는 사실을 우리는 명심해야 한다.

11. 선택

"여호와께서 이와 같이 말씀하시기를 나의 안식일을 지키며 내가 기뻐하는 일을 선택하며 나의 언약을 굳게 잡는 고자들에게는"(사 56:4)

"줄을 잘 서야 한다"라는 말이 있다. 정치, 경제, 심지어 교육에 이르기까지 줄을 잘 서야 한다고 한다. 군대에 가서도 마찬가지이다. 줄 한번 잘 서면 2년이 편해지고 그렇지 않으면 힘들어진다는 말이 있다. 어느 줄에 서느냐에 따라 운명이 좌우되기에 하는 소리가 아닌가 생각한다. 선택은 자유이다. 그러나 우리는 내가 선택한 바에 대하여 일생을 두고 책임을 져야 한다. 내가 선택한 바에 대하여 계속적으로 심판을 받아야 한다는 말이다.

우리는 살아가면서 주변에 수많은 것들 가운데서 무엇인가 내게 필요한 것을 고르기도 하지만, 그 하나를 선택하기 위해서 다른 것을 버리는 즉, 포기하는 결단을 해야 할 때도 있다.

하나님께서는 우리 인간에게 이성을 주셨다. 곧, 선택의 자유를 주셨다. 판단할 수 있는 능력과 선택할 수 있는 자유를 주셨다. 하지만 하나님께서는 우리가 하나님의 뜻과 하나님의 길과 하나님의 마음을 선택해 주시기를 바라고 계신다. 이것이 하나님의 소원인 것이다. 하나님께서 우리에게 선택의 자유를 주신 것은 우리가 하나님을 선택하고 하나님의 마음을 따를 수 있도록 길을 열어 주신 것이다.

구약 이사야 56장 4절~5절에 보면 "여호와께서 이와 같이 말씀하시기를 나의 안식일을 지키며 내가 기뻐하는 일을 선택하며 나의 언약을 굳게 잡는 고자들에게는 내가 내 집에서, 내 성 안에서 아들이나 딸보다 나은 기념물과 이름을 그들에게 주며 영원한 이름을 주어 끊어지지 아니하게 할 것이며"라고 말씀하셨다.

이 말씀은 우리가 하나님의 길을 선택하면, 하나님께서 기뻐하시는 길을 선택하면, 자녀보다 나은 높은 이름을 주시겠다고 약속하신 것이다. 하나님께서는 우리들이 하나님을 선택하는 것을 매우 기뻐하신다.

"또 여호와를 기뻐하라 그가 네 마음의 소원을 네게 이루어 주시리로다"(시 37:4)

12. 양보

"둘째는 이것이니 네 이웃을 네 자신과 같이 사랑하라 하신 것이라 이보다 더 큰 계명이 없느니라"(막 12:31)

미국 16대 대통령 '링컨(Abraham Lincoln)'은 말하길 "시비를 가리느라고 개한테 물리기보다 차라리 양보하는 것이 현명하다"라고 했다. 옳고 그르고, 아무리 따져보아야 마지막에는 재밖에 남지 않는다. 결국, 서로 상처만 받고 만다. 양보하고 화해하는 것이 무엇보다도 중요하다.

우리는 일본의 여류작가 '미우라 아야코(Miura Ayako)'를 알고 있다. 독실한 그리스도인인 그녀는 역시 그리스도인 남자를 만나 결혼을 한다. 그런데 남편 월급이 적어 생활이 어려웠다. 그래서 살림에 보탤 요량으로 자기 집에다 작은 가게를 내어 친절하고 성실하게 손님을 맞이한다. 장사가 잘 되어 너무 바빴다. 어느 날 남편이 퇴근 후에 그 모습을 보고 부인에게 한마디 한다.

"여보, 장사가 잘 되는 것은 좋은 일이지만 이러다가 다른 가게는 문을 닫게 됩니다. 우리만 잘 살겠다고 하는 것은 하나님께서 기뻐하시는 일이 아닙니다."

아내는 남편의 충고를 받아들여 점차 물건을 줄이고 손님들을 다른 가게로 보내었다. 그러자 시간이 났다. 그래서 본래 자기에게 있던 소질을 살려서 소설을 썼다. 그 작품이 유명한 「빙점」이었다. 그는 오히려 더 큰 부를 얻게 되었다.

하나님을 생각하고, 이웃을 사랑하는 마음에서 양보하고 희생한다고 하자. 손해를 좀 보았다고 하자. 그 손해는 하나님께서 엄청난 것으로 반드시 보상해 주신다. 이것이 살아 계신 하나님의 역사이다. 양보는 절대로 손해가 아니다. 신앙적 양보는 하나님께서 반드시 갚아 주신다. 우리가 이것을 잊어서는 안 되겠다.

우리는 얼마나 양보를 해 보았는가? 하나님께서 주시는 은혜를 체험해 보았는가? 양보에는 반드시 희생이 따르고, 그 희생이 따른 양보에는 하나님의 은총이 함께할 줄 믿는다.

13. 분별력

"모든 성경은 하나님의 감동으로 된 것으로 교훈과 책망과 바르게 함과 의로 교육하기에 유익하니 이는 하나님의 사람으로 온전하게 하며 모든 선한 일을 행할 능력을 갖추게 하려 함이라"(딤후 3:16-17)

바쁘게 살아가는 인생길. 우리는 수많은 선택의 기로에 서게 된다. 항상 마주치는 갈림길에서 어느 쪽으로 가야 할지 머뭇거리곤 한다. 오른쪽 길을 가야 할까? 아니면 왼쪽 길을 가야 할까? 때로는 불안한 마음에 안절부절못할 때도 있다. 어느 쪽이 좋은 길일까? 어떤 선택이 최선일까? 이런 질문은 현대를 살아가는 우리 모두의 고민이기도 하다. 그리스도인도 예외는 아니다.

그리스도인으로서 최선의 선택이란 무엇일지, 우리는 끊임없이 질문한다. 나를 향한 하나님의 뜻을 알고 싶어 하고, 그분의 뜻에 맞는 올바른 선택을 하고 싶어 한다. 그런데 하나님의 뜻을 명확히 아는 게 그리 녹록한 일은 아니다. 그래서 하나님의 소명을 좇아가는 이들에게 꼭 필요한 것이 바로 '분별력'이다.

인생이란 끊임없이 선택을 내리는 과정의 연속이다. 인생을 결정짓는 중요한 선택의 순간, 어떤 이들은 건강한 영적 분별력을 가지고 접근한다. 그들은 거의 예외 없이 하나님의 뜻을 따라 소명의 길을 걷는다. 하지만 분별의 중요성을 망각한 채 자기 마음대로 살아가는 사람들이 있다. 그들은 반대의 길을 걷는다. 그 길은 하나님의 뜻과는 상관없는 방향으로 뻗어 있다. 불행히도 그들은 인생의 많은 시간을 낭비하게 되고 불행한 삶을 살게 된다.

우리는 창세기 13장 5절~9절의 "아브람의 일행 롯도 양과 소와 장막이 있으므로 그 땅이 그들이 동거하기에 넉넉하지 못하였으니 이는 그들의 소유가 많아서 동거할 수 없었음이니라 그러므로 아브람의 가축의 목자와 롯의 가축의 목자가 서로 다투고 또 가나안 사람과 브리스 사람도 그 땅에 거주하였는지라 아브람이 롯에게 이르되 우리는 한 친족이라 나나 너나 내 목자나 네 목자나 서로 다투게 하지 말자 네 앞에 온 땅이 있지 아니하냐 나를 떠나가라 네가 좌하면 나는 우하고 네가 우하면 나는 좌하리라"라는 말씀을 통해 앞에서 말한 분별력의 실체를 확인할 수 있다.

아브람의 육축이 많아지고 조카 롯의 육축도 많아지면서 땅이 비좁게 되었다. 결국 아브람의 목자와 롯의 목자 사이에서 다툼이 시작되었다. 그들은 누가 더 좋은 목초지와 샘물을 차지해야 하느냐의 문제로 싸웠다. 가나안 사람과 브리스 사람도 그 땅에 거하였기 때문에 문제는 더 심각했다. 그런데 여기서 아브람은 놀라운 제안을 한다.

"네가 좌하면 나는 우하고 네가 우하면 나는 좌하리라."

아브람은 '우리가 한 골육이기 때문에, 그리고 서로 다투는 것은 하나님을 믿는 사람다운 모습이 아니다'라고 생각했다. 말이 쉽지,

이것은 아브람의 생계가 달린 문제였다. 자신뿐만 아니라 아내와 목자들, 그리고 일꾼들의 인생이 걸린 이슈였다. 좋은 땅을 먼저 포기한다는 것은 목자였던 아브람이 자신의 미래를 담보로 하는 도박처럼 보였다. 이런 중요한 선택의 기로에 서서 아브람은 싸우기보다 사랑으로 양보했다. 하나님의 사람으로서 바른 분별력이 작동한 것이다.

사랑으로 분별하라는 말은 바보처럼 선택하라는 말과 같다. 손해 보고 선택하라는 말과 비슷하다. 비록 아브람의 선택이 미련해 보였지만, 결국 하나님은 그의 선택에 손을 들어주신다. 하나님은 사랑으로 분별하고 선택한 아브람의 마음을 기뻐하셨고, 그에게 복을 내려주셨다. 사랑으로 분별하고 결정한 결과는 하나님이 책임져 주신다. 십자가에 달리신 예수님을 보고 모든 사람은 저주를 받았다고 했지만, 하나님은 그 선택을 기뻐하셨다. 어리석은 선택처럼 보였지만, 그 사랑의 분별력 때문에 우리가 살게 되었다.

우리는 아브람과 롯의 선택을 통해 '분별력'이 얼마나 중요한 것인지를 깨닫게 된다. 아브람은 사랑의 눈으로 하나님의 뜻을 분별했고, 믿음의 눈으로 하나님의 계획을 분별했다. 그러기에 거룩한 분별력은 우리 인생을 복되게 한다. 하지만 분별력 없는 경솔한 선택은 우리 인생을 황폐하게 만든다. 우리를 향한 하나님의 뜻과 계획이 삶 속에 아름답게 스며들게 만드는 최적의 방법, 그것이 바로 분별력이다. 바쁘게 살아가는 인생길, 우리는 수많은 선택의 기로에서 하나님의 뜻을 알고 싶어 하고 하나님의 뜻에 맞는 올바른 선택을 하고 싶어 한다. 그러나 쉽지 않다. 그렇다고 어려운 일도 아니다. 거기에 대한 해답을 하나님의 말씀인 성경책이 말해준다.

14. 머피의 법칙(Murphy's law)과 샐리의 법칙(Sally's law)

"예수께서 백부장에게 이르시되 가라 네 믿은 대로 될지어다 하시니 그 즉시 하인이 나으니라"(마 8:13)

'머피의 법칙'이라는 말은 계속해서 불운한 일들이 연달아 일어나는 것을 말한다. 이는 1949년에 미국 공군에서 근무하던 머피 대위가 발견한 인생의 법칙으로 '잘못될 여지가 있는 일은 반드시 잘못된다(If something can go wrong, it will.)'라는 법칙이다.

이를테면 버터를 바른 면이 항상 바닥을 향해 떨어진다거나, 하필 내가 선 줄이 가장 늦게 줄어들고, 아이들은 항상 병원 문 닫은 시간에 아프고, 차선은 항상 내 옆에서만 잘 빠지고, 내가 만원 버스에 간신히 올라 보니 바로 뒤에 빈 버스가 오고, 에스컬레이터에서 전철 티켓을 떨어뜨리면 꼭 기계 틈새로 들어가고, 잔뜩 비축식량을 쇼핑해서 집에 들어오니 정전으로 냉장고가 들어오지 않는 것과 같은 일들이다.

그래서 이를 '설상가상(雪上加霜)의 법칙'이라고도 한다. 반대로 '샐리의 법칙'이라는 것도 있다. 이는 영화「해리가 샐리를 만났을 때」에서 유래한 것으로 모든 것이 결국은 해피엔딩(Happy ending)으로 끝나는 법칙이다. 맑은 날 우연히 우산을 들고 나왔는데 갑자기 비가 쏟아지고, 시험 직전에 펼쳐본 교과서의 내용이 시험 문제로 나오고, 면접 전날 읽었던 신문에서 면접 질문이 출제되고, 공부하기 싫은 참에 정전이 되고, 마당을 쓸었더니 돈을 줍고, 책을 빌렸더니 책갈피에 비상금이 끼워져 있는 것과 같은 일들이 일어나면 '샐리의 법칙'이라고 말한다.

우리는 자기의 인생이 어떤 법칙에 가깝다고 생각하는가? 사도 바울은 아마도 '샐리의 법칙'을 자신의 인생에 적용했던 것 같다. 그는 교인들을 향한 편지에서 다음과 같이 말하고 있다.

"사람이 감당할 시험 밖에는 너희가 당한 것이 없나니 오직 하나님은 미쁘사 너희가 감당하지 못할 시험 당함을 허락하지 아니하시고 시험 당할 즈음에 또한 피할 길을 내사 너희로 능히 감당하게 하시느니라"(고전 10:13)

"우리가 알거니와 하나님을 사랑하는 자 곧 그의 뜻대로 부르심을 입은 자들에게는 모든 것이 합력하여 선을 이루느니라"(롬 8:28)

설상가상의 현장에서 해피엔딩을 믿는다는 것은 쉽지 않은 선택이다. 그러나 그것이 바로 믿음이다. 아침에 꿈이 불길해서 하루 종일 재수가 없다는 것은 이방인의 법칙이다. 하나님이 조심하라고 경고하셨다. 기도하고 조심하면 오히려 복된 하루가 될 수 있다. 믿음은 원래가 화(禍)가 변하여 복(福)이 되게 하는 능력을 가지고 있기 때문이다.

15. 시기는 부메랑과 같은 것이다

"사랑은 오래 참고 사랑은 온유하며 시기하지 아니하며 사랑은 자랑하지 아니하며 교만하지 아니하며"(고전 13:4)

"사촌이 논을 사면 배 아프다"라는 속담이 있다. 시기심은 인간의 보편적인 속성이다. 시기는 자신이 바라는 어떤 것을 다른 사람이 소유하고 있다고 지각할 때 생기는 감정이다.

친구가 예쁜 옷을 입고 나타났을 때 나에게 없는 그 옷이 부러워 그 친구에게 시기심을 가질 수 있다. 또한 TV에서 돈을 많이 버는 젊은 사람이 나왔을 때 역시 시기심을 가질 수 있다.

많은 사람들이 어떤 일의 성취를 위해 최선을 다해 노력하며 그것을 인생의 보람으로 삼기보다는 자꾸 눈을 돌려 다른 사람들을 바라보면서 그들의 수고와 재능에 대해서 시기하고 있다.

인간의 시기심을 풍자한 우화가 있다. 한 농부가 염소와 나귀를 기르고 있었다. 주인은 무거운 짐을 묵묵히 잘 나르는 나귀를 매우 사랑했다. 염소는 주인의 이런 태도가 못마땅했다. 염소는 시기와 질투를 느껴 나귀를 해칠 계략을 꾸몄다.

"나귀야, 너처럼 불쌍한 동물도 없을 거야. 주인은 네게 힘든 일만 시키니 이런 억울한 일이 어디 있겠니. 내가 한 가지 꾀를 가르쳐주지." 염소는 나귀의 귀에 입을 대고 속삭였다.

"짐을 싣고 개울을 건널 때 자꾸 넘어지렴. 그러면 주인은 네 몸이 쇠약한 줄 알고 다시는 힘든 일을 시키지 않을 거야."

나귀는 개울을 건널 때 일부러 계속 넘어졌다. 주인은 평소 건강하던 나귀가 넘어지는 것을 보고 깜짝 놀라서 의사를 데려왔다. 의사는 "나귀의 기력이 약해졌으니 염소의 간을 먹이면 금방 낫는다."라고 일러주었다. 주인은 즉시 염소를 잡아 나귀를 치료했다.

시기는 부메랑 같은 것이다. 부메랑에 의한 희생자는 항상 시기하는 자기 자신이다.

잠언 14장 30절에서는 "평온한 마음은 육신의 생명이나 시기는 뼈를 썩게 하느니라"라고 말씀하고 있다. 뼈가 썩을 일을 해서는 안 된다.

16. 고정관념

"이는 지혜를 얻는 것이 은을 얻는 것보다 낫고 그 이익이 정금보다 나음이니라"(잠 3:14)

어떤 마을에 한 노인이 살고 있었다. 하루는 노인이 장을 다녀오더니 한숨을 푹푹 내쉬었다. 그러더니 마침내 앓아누웠다. 아내가 걱정이 되어 노인에게 물었다.

"여보, 장에 갔다가 무슨 일이 있으셨어요?"

"여보, 큰일 났소. 내가 3년 고개에서 넘어졌어요. 난 이제 3년밖에 살지 못한단 말이오."

그 마을에 고개가 하나 있었다. 그 고개는 '3년 고개'라고 불렸다. 왜냐하면 그 고개를 넘다가 넘어지는 사람은 3년밖에 살지 못한다는 전설 때문이었다. 동네 사람들은 3년 고개를 넘을 때마다 넘어지지 않으려고 조심조심을 했다. 그런데 그 노인이 그만 넘어졌던 것이다.

아내는 남편이 3년 고개에서 넘어졌다는 이야기를 듣고 통곡을 했다. 노인은 앓아누웠다. 아무리 좋은 약을 써도 소용이 없었다. 아무리 훌륭한 의사를 불러도 소용이 없었다. 그런데 마침 그 마을을 지나던 한 청년이 그 이야기를 들었다. 청년은 3년 고개에서 넘어진 노인에게 이렇게 말씀드렸다.

"할아버지, 제가 할아버지의 병을 고쳐 드릴게요."

노인은 귀가 번쩍 띄었다.

"할아버지, 이렇게 해 보세요."

그 청년은 할아버지에게 이런 말씀을 드렸다.

"할아버지, 3년 고개로 다시 가셔서 몇 번 더 넘어지세요. 그러면 할아버지께서 오래 사실 수 있습니다."

혹시나 하면서 청년의 말에 귀를 기울였던 노인은 화를 냈다. 그러나 청년은 침착하게 노인에게 말씀드렸다.

"할아버지, 한 번 넘어지면 3년밖에 못 사시잖아요. 두 번 넘어지면 6년을 살 수 있어요. 세 번을 넘어지면 9년을 살 수 있고요…."

노인은 처음에는 화를 냈지만 청년의 말을 가만히 들어보니 그럴 듯 했다. 노인은 청년의 말대로 3년 고개로 다시 가서 일부러 넘어졌다. 그리고 또 넘어지고, 그리고 나중에는 데굴데굴 굴렀다. 그러고 나서 노인은 병도 깨끗이 나았고 오래오래 살았다.

이 이야기 속에는 우리가 가진 잘못된 고정관념이 얼마나 무서운 것인가를 가르쳐주는 굉장한 교훈이 담겨 있다. 우리는 자라면서 자기가 알지 못하는 사이 쌓인 경험 즉, 내가 속한 가정과 사회를 통해 만들어진 나만의 생각의 틀을 가지고 있다.

그리고 그것이 전부(全部)인 줄로만 알고 있다. 우리는 이것을 고정관념(固定觀念)이라고 말한다. 그런데 중요한 것은 그 고정관념이 좋은 것이면 좋은데 잘못된 것이면 살아가면서 손해를 보게 된다는 것이다. 더욱이 내가 가지고 있는 잘못된 고정관념이 하나님께서 우리에게 약속하신 하늘의 복을 가로막고 있다면 이거야말로 엄청난 손해이다. 무엇보다도 잘못된 고정관념을 깨뜨리는 것이 우선순위이다.

17. 쥐고 있었던 손을 펴야 할 때

"욕심이 잉태한즉 죄를 낳고 죄가 장성한즉 사망을 낳느니라"(약 1:15)

동남아시아 여러 나라를 방문하다 보면 동물원에서나 볼 수 있는 원숭이를 쉽게 만나게 된다. 이때 원숭이를 잡는 방법은 이렇다. 원주민이 조롱박과 바나나 몇 개 그리고 창이 넓은 밀짚모자를 준비해 원숭이들이 놀고 있는 나무 그늘 아래 앉아 바나나 하나를 조롱박 속으로 집어넣고는 그 속으로 손을 집어넣어 꺼내서 보란 듯이 맛있게 먹는다. 물론 나무 위 원숭이들이 숨을 죽이며 이 광경을 보고 있음은 두말할 필요가 없다. 그러고는 다시 조롱박 속에다 남아 있는 바나나를 집어넣고는 모자를 뒤집어쓰고 한숨 자는 척한다. 원숭이들은 조롱박 곁으로 모여든다. 그중 대장 격인 원숭이 하나가 나무 밑에서 잠자는 사람의 눈치를 이리저리 살피다 이내 조롱박 속으로 살그머니 손을 넣는다. 원숭이는 손에 힘을 주어 바나나를 잡는다.

이때 사람이 헛기침을 하고 일어나면 놀란 원숭이가 펄쩍 뛰어 나무를 잡고 도망치려 한다. 그러나 한 손이 조롱박 속에 있기에 나뭇가지를 잡을 수 없어서 결국 잡히고 만다. 조롱박 속에서 빠져나오지 않는 자기 손을 원망스러운 눈빛으로 물끄러미 보고 있는 원숭이의 모습은 생각만 해도 우스꽝스럽고 불쌍해 보인다.

손발이 묶인 것도 아니고 도망갈 나무숲이 없어진 것도 아닌데 왜 원숭이가 그곳으로 돌아가지 못하는 걸까? 자기 스스로가 바나나를 쥔 손을 놓지 않았기 때문이다. 만약 바나나를 쥔 손을 풀고 밖으로 손을 빼내었다면 원숭이의 운명은 달라졌을 것이다.

생명을 담보로 한 끼 식사도 되지 않는 눈앞 욕심 때문에 자유를 잃고 인간의 포로가 된 원숭이의 어리석음을 우리는 어떤 시각으로 바라보아야 할까? 이와 비슷한 이야기가 사람에게 실제 일어났다.

한 신앙 좋은 노인이 있었는데 그분은 골동품을 수집하는 취미를 갖고 있었다. 한번은 연말이 되어 미국에 있던 자녀들까지 온 가족이 함께 모이게 되었다. 그런데 다섯 살 난 손자 녀석이 주둥이가 좁은 이조백자에 손을 집어넣고 빠지지 않는다고 울며 난리를 쳤다. 수백만 원을 호가하는 백자가 깨지지 않도록 온 가족이 동원되어 조심스럽게 아이의 손을 빼려고 온갖 노력을 다해 보았지만 헛수고였다. 그 사이 아이가 마치 죽어 넘어가는 것처럼 울자 노인은 황급히 손자를 위해 망치로 백자를 깨뜨렸다.

아! 그런데 이게 웬일인가!

아이가 굳게 주먹을 쥐고 있었던 손을 벌려보니 기가 막히게도 5백 원짜리 동전 하나를 쥐고 있었던 것이다. 모두들 어처구니없는 표정을 지었지만 노인은 이 사건에서 큰 교훈을 얻었다고 한다. 우리 역시 노인의 결단과 아이의 행동을 통해 두 가지의 교훈을 얻는다. 첫째는 노인의 결단에 있어 아무리 고가품의 백자라도 손자만큼 귀할 수는 없다는 것이다. 그는 백자의 가치보다 손자의 가치가 더 소중했기에 과감하게 백자를 깨뜨려 손자를 구한 것이다. 이것은 어떤 가치를 선택하고 결정하는 일에 있어 모범이 된다 할 수 있다. 둘째는 아이의 행동에 있어 마치 원숭이가 바나나를 쥔 것과 같다는 점이다. 어른들에게 이유를 말했더라면 백자를 깨지 않고 돈을 꺼낼 수도 있었겠지만 아이에게는 백자보다 5백원짜리 동전의 가치가 더 큰 것이었고, 그것을 꺼낼 수 있는 방법에 대해서도 어른들보다는 자신의 방법을 선택하고 신뢰했던 것이다.

이 모든 이야기들은 욕심의 결과와 인간에게 있어 무엇이 더 소중한 것인지를 가르쳐주는 교훈들이다. 지금 우리들이 꼭 쥐고 있는 것들은 무엇인가? 그것 때문에 생명을 잃거나 더 큰 손해를 본다면 이제는 쥐고 있었던 손을 펴야 할 때인 것이다.

성경 누가복음 12장에 한 어리석은 부자의 이야기가 나온다. 농사를 지었는데 소출이 풍성하여 곡식을 쌓아둘 곳간을 더 크게 짓고 곡식과 물건을 많이 쌓아두었다. 그러고는 "내 영혼아, 여러 해 쓸 물건을 많이 쌓아두었으니 평안히 쉬고 먹고 마시고 즐거워하자"라고 했다. 그러나 하나님은 이렇게 말씀하셨다.

"어리석은 자여, 오늘 밤에 네 영혼을 도로 찾으리니 그러면 네 예비한 것이 뉘 것이 되겠느냐"

이것은 마치 하나님 앞에서 무엇이 귀중한 것인지 구별하지 못하는 인간의 모습과도 같다. 환산할 수 없을 만큼 귀중한 가치인 '영혼'을 주신 그분 앞에서 가치 없는 것들을 고집하고 자아를 깨뜨리지 않을 때 돌이킬 수 없는 손실을 입게 되는 것이다.

짧은 지식, 고정관념, 욕심 등 오늘 내가 쥐고 있는 바나나와 5백원짜리 동전은 무엇인지를 곰곰이 생각해 보면서 쥐고 있던 손을 펴야 할 것이다.

18. 고난(Suffering)과 고통(Distress)을 만났을 때

"하나님이 우리에게 주신 것은 두려워하는 마음이 아니요 오직 능력과 사랑과 절제하는 마음이니"(딤후 1:7)

옛날 우리나라의 민담 가운데 전해 내려오는 이야기이다. 한 나그네가 산속 깊은 곳에서 호랑이 한 마리를 만났다. 호랑이는 이렇게 말했다.

"내가 너를 잡아먹어야겠지만 네가 만일 팔 하나만 잘라서 주면 잡아먹지 않겠다."

나그네는 목숨보다 팔 하나를 잃는 것이 낫겠다고 생각했다. 그래서 자신의 팔을 칼로 잘라서 호랑이에게 주었다. 다음 고개에 이르자 호랑이가 또다시 그에게 나타났다.

"아무래도 배가 고파서 안 되겠다. 네 다리를 하나 더 주든지 아니면 네 몸 전체를 내게 주든지 해라."

나그네는 이번에도 다리 하나를 호랑이에게 던져 주었다. 마지막 고개에 이르렀을 때였다. 그 호랑이는 다시 나타나 이렇게 말했다.

"나는 늙어서 이빨과 발톱이 없어진 호랑이였어. 자네가 만약 맞서 싸웠더라면 나는 힘도 못 쓰고 도망갔을 텐데."

그러면서 그 호랑이는 이미 팔과 다리가 없어 아무런 힘도 쓸 수 없는 나그네를 한입에 잡아먹고 말았다. 고난을 만났을 때 한번 싸워 보지도 않고 미리 짐작해 "나는 할 수 없어. 결코 이길 수 없어." 하는 마음을 갖고 포기한다면 우리는 넘어질 수밖에 없다. 고난이 우리를 넘어뜨리는 게 아니다. 이빨과 발톱이 없는 호랑이를 보고 두려워하는 우리의 연약함이 우리를 쓰러뜨리는 것이다.

유명한 어거스틴(Aurelius Augustinus)은 그가 남긴 불후의 명저 「하나님의 도성(De civitate Dei)」에서 참 의미 있는 말을 남겼다.

"고통은 동일하나, 고통당하는 사람은 동일하지 않다. 어리석은 사람은 똑같은 고통을 당하면서도 하나님을 비방하고 모독하지만, 선한 사람은 그 고통 속에서도 하나님을 찾으며 하나님을 찬양한다. 어떤 고통을 당하느냐가 문제가 아니라, 그 고통을 어떻게 당하느냐가 문제이다. 똑같은 미풍이 불어오지만 오물은 더러운 냄새를 풍긴다. 그러나 거룩한 기름은 향기로운 냄새를 풍긴다."

고난과 고통에 대한 해답은 무엇일까? 고난과 고통은 우리의 연약함을 깨닫는 가장 훌륭한 도구이다. 그리고 그 연약함은 하나님께로 나아가는 지름길이 된다. 이렇게 하나님께 나아가는 법을 배운 사람들은 고난과 고통이 다가올지라도 앞날에 대한 두려움이 없다. 하나님이 함께하실 것이기 때문이다. 예수님께서도 열한 제자들에게 말씀하셨다.

"…내가 세상 끝날까지 너희와 항상 함께 있으리라…"(마 28:20)

19. 나 자신을 이겨라

"낮에와 같이 단정히 행하고 방탕하거나 술 취하지 말며 음란하거나 호색하지 말며 다투거나 시기하지 말고"(롬 13:13)

산에서 수도하는 한 사람이 있었다. 속세를 초월하고 오직 금식과 수련과 극기와 청빈으로 살아가자 소문이 나게 되었고 그를 찾아오는 사람들이 있었다. 그들 중에는 그의 도를 무너뜨리려는 사람들도 있었다. 그들은 그의 앞에 와서 그를 자극하는 말을 했다. 그러나 그는 표정 하나 변하지 않았다. 그의 표정에는 언제나 자비와 은혜가 넘쳤다. 여자들이 짙은 향으로 유혹해도, 산해진미(山海珍味)로 그를 유혹해도, 금덩어리를 보여주며 이제 그만큼 도를 닦으셨으니 세상에 내려오면 화려하게 살게 해주겠다고 해도 그의 표정은 변하지 않았다.

그때 한 사람이 나서서 그를 한순간에 무너뜨리겠다고 장담했다. 그 사람은 수도사를 찾아가서 모인 사람들 앞에서 한마디를 했다. "이분이 닦았다는 도, 아무것도 아닙니다. 저쪽 산에는 이 도사보다 훨씬 훌륭하고 도가 이분하고 상대도 안 되게 깊은 분이 계십니다. 여기서 뭐 배울 것이 있다고 모여 있습니까? 이분은 그분에 비하면 아무것도 아닙니다."

그러자 수도사는 긴 세월, 무슨 유혹을 받아도 자비하게 감겨있던 눈을 파르르 뜨며 붉어진 얼굴로 입을 열었다.

"야, 이놈아! 그렇다면 그곳으로 갈 일이지 왜 이곳에 와서 떠드는 거야?"

그 사람의 말대로 수도사는 한순간에 무너지고 말았다. 우리는 지나친 경쟁의식을 버려야 한다.

스튜어트 B. 존스(Stewart b. Jones)는 "인생에 있어서 우리가 해야 할 일은 다른 사람들을 앞지르는 것이 아니라 자기 스스로를 앞지르는 것이다"라고 말했다. 그렇다. 우리가 이겨야 할 대상은 경쟁자가 아닌 나 자신이다. 우리는 나 자신에게만 집중하고 내가 해야 할 일에 집중해야 한다. 나 자신을 이기는 것이 가장 큰 무기이다. 나 자신을 이기는 자가 가장 강한 자이다.

20. 겨자씨만한 믿음

"너희에게 믿음이 겨자씨 한 알 만큼만 있어도 이 산을 명하여 여기서 저기로 옮겨지라 하면 옮겨질 것이요 또 너희가 못할 것이 없으리라"(마 17:20)

중국의 '기주(冀州)'라는 지방에 둘레가 280km나 되는 태형산(太行山)과 왕옥산(王屋山)이라는 커다란 산이 있었다고 한다. 그 산 곁에 우공(愚公)이라는 노인이 살고 있었는데, 그는 어느 날 이 두 산이 교통에 큰 불편을 끼치고 있다고 생각하고는 그 산을 옮기기로 마음먹었다.

바로 그날부터 우공의 온 식구는 일 년에 두 번씩 그 산의 흙을 파다가 멀리 바다에 버리고 돌아왔다. 그런 우공의 모습을 옆에서 지켜보고 있던 한 친구가 우공의 답답한 모습을 보고는 이렇게 충고를 해 주었다.

"야, 이 사람아! 어쩌면 그렇게도 어리석은가? 죽음이 코앞에 닥친 사람이 이 엄청난 산을 옮기겠다니 어디 가당키나 한 일인가?"

정신이 온전한 사람이라면 그렇게 커다란 산을 조금씩 파서 바다에 버린다고 해서 그 산이 없어진다고 생각할 수 없었던 것이다. 오늘날과 같이 포클레인 같은 중장비들로 공사를 한다고 해도 둘레가 700리나 되는 어마어마한 산의 흙을 다 파 없앤다는 것은 쉬운 일이 아닐 것이다. 어리석다고 나무라는 친구에게 우공은 이렇게 답변했다.

"어리석은 것은 자네일세. 산이 어디 불어나는 법이 있던가? 그러나 우리 자손들은 영원히 번창할 것이 확실하지 않은가? 내 후손들이 계속 이 산을 파 나르면 제까짓 태산인들 언젠가는 없어지고 말 것이 아니겠는가?"

산은 스스로 자라는 것이 아니기 때문에 세월이 얼마나 흘러야 할지는 모르지만 언젠가는 분명 산을 없앨 수 있다는 것이다. 자신의 당대에 못한다면 아들 대에도 계속할 것이고, 계속 자손이 번창하면 언젠가는 없앨 수 있다고 생각한 것이다. 그 말을 듣고 있던 산신령은 그런 우공의 집념에 두려움을 느꼈고, 즉시 옥황상제에게 태형산과 왕옥산을 다른 지방으로 옮겨 달라고 청원했다. 옥황상제도 그것이 낫겠다고 생각하여 결국 이 두 산을 고스란히 다른 지방으로 옮겼고, 그 결과 기주 지방은 끝없는 평야를 이루게 되었다. 산은 불어나는 법이 없으니 한 가족이 일 년에 두 번씩 나르다 보면 언젠가는 다 날라서 없어질 것이라는 우공의 믿음, 그것이 바로 예수님이 말씀하신 겨자씨만한 믿음이 아니겠는가 생각해 본다.

21. 실제적인 믿음

"그러므로 내가 너희에게 말하노니 무엇이든지 기도하고 구하는 것은 받은 줄로 믿으라 그리하면 너희에게 그대로 되리라"(막 11:24)

옛날 어느 농촌이 긴 가뭄으로 인하여 위기에 처하게 되었다. 마을 사람들이 특별 기도회를 선포하고 예배당에 모여 날마다 하나님께 단비를 구하는 기도를 하게 되었다. 1주일의 작정한 시간이 마쳐 갈 무렵, 정말로 마지막 날 기도회를 마치고 예배당을 나서려고 하니 천둥이 치고 시원한 비가 쏟아지기 시작했다. 사람들은 자신들의 기도가 응답받았다고 기뻐하였다. 그런데 그때 사람들의 눈에 한 꼬마가 들어왔다. 꼬마는 장화를 신고 우산을 받쳐 들고 있었다. 누군가 물었다.

"꼬마야, 너는 어떻게 장화와 우산을 가지고 있니?"

꼬마가 웃으면서 대답했다.

"비가 오게 해 달라고 기도하면서 장화와 우산을 가져오지 않는다면 하나님을 의심하는 거잖아요. 저는 하나님이 비를 주실 것을 믿었어요!"

기도하는 것은 귀중한 일이다. 아울러 주님은 우리에게 기도에 부합하는 선택과 행동을 기대하신다. 기도와 불평을 병행하고, 기도와 근심을 병행하고, 기도와 욕심을 병행하는 사람들이 많다. 이런 사람들은 결국 자신의 기도를 욕되게 하고, 나아가 하나님의 영광을 가리고 만다. 주님은 말씀하신다.

"그러므로 내가 너희에게 말하노니 무엇이든지 기도하고 구하는 것은 받은 줄로 믿으라 그리하면 너희에게 그대로 되리라" (막 11:24)

받은 줄로 믿으라는 것은 단순한 마음의 확정이 아니라, 그 믿음의 영향력 아래에서 살라는 의미이다. 하나님은 침울한 로뎀나무의 그늘보다는 응답의 기쁨과 기대 속에서 우리를 만나고 교제하시기를 원하시는 것이다. 신자의 삶에는 근본적으로 평강과 기쁨이 있어야 한다. 슬픔과 고민도 분명히 인생의 한 부분이다. 그러나 그것은 잠시일 뿐이다. 저녁에는 슬픔이 엄습해도 아침에는 즐거움이 회복돼야 한다. 그것이 바로 신자의 저력이요, 하나님의 은혜이다.

우리가 그러한 하나님의 은혜를 누리지 못하는 데에는 기도하지 않는 묵은 습성과, 기도와 삶을 유리시켜서 한 가지로 묶어내지 못하는 신앙적 부조리가 자리하고 있다. 그래서 기도하면서도 여전히 기도 밖의 사람들과 동일하게 살아가고 있는 것이다.

믿음의 성도라면 비를 달라고 기도하러 갈 때에는 장화와 우산을 준비해야 한다. 장화를 신고 우산을 들고 마른 땅을 밟는 것은 용기가 필요한 일이다. 정말 어린아이와 같은 단순한 믿음이 아니면 하기 힘든 선택이다. 그러나 하나님은 우리가 믿음에 대하여 그렇게 용감하고 실제적이기를 원하신다. 하나님의 응답은 믿음을 가진 용감한 자에게 더욱 넘치게 되는 것이다.

22. 아무것도 염려하지 말라

"아무것도 염려하지 말고 다만 모든 일에 기도와 간구로, 너희 구할 것을 감사함으로 하나님께 아뢰라 그리하면 모든 지각에 뛰어난 하나님의 평강이 그리스도 예수 안에서 너희 마음과 생각을 지키시리라"(빌 4:6-7)

이 구절은 사도 바울이 옥중에서 빌립보 교회 성도를 향해 쓴 편지이다. 염려로는 아무것도 해결할 수 없다. 예수 그리스도를 믿는 하나님의 사람인 우리는 감사함으로 하나님께 기도하며 아뢰면 하나님의 평강이 마음과 생각을 지킨다고 하셨다. 그러나 우리는 이렇게 확실한 말씀을 가지고도 염려한다. 왜일까?

달라스 신학대학교의 교수였던 '펜티코우스트(J. Dwight Pentecost)'는 말하기를 사람들이 염려하는 이유는 부적절감, 부적당감(Sense of inadequacy) 때문이라고 했다. 다시 말해서 어떤 주어진 상황을 제대로 처리할 수 있는 능력이 없다고 느낄 때 염려하게 된다. 어떤 일을 맡았는데 그 일을 제대로 수행할 수 있는 능력이 없다고 생각할 때 염려한다. 즉, 시험을 앞둔 학생이 시험 준비를 제대로 못했을 때 염려하는 것처럼 말이다.

그러면 염려는 무엇인가? 원어의 뜻은 마음이나 생각이 갈라지는 것을 말한다. '염려한다', '메림나오(Merimnao)'라고 하는 말은 '메리조(Merizo)', '갈라진다'라고 하는 말과 '노우스(Nous)', '생각, 마음'이라는 말의 복합어이다. 다시 말하면 마음이나 생각이 갈라지는 것을 의미한다.

마치 양팔을 두 마리의 말에 각각 묶어 놓고 양쪽으로 달려가도록 하여 몸을 갈라지게 하는 것, 이와 같은 것을 염려라고 한다.

야고보서 1장 8절에서는 "두 마음을 품어 모든 일에 정함이 없는 자로다"라고 말씀하고 있다. 이것은 염려에 대해서 잘 정의하고 있는 말씀이다. 그래서 염려하는 사람은 정신적으로나 정서적으로, 영적으로 나누어지고 정함이 없고 갈등이 있게 된다.

그러나 심리학자 '젤린스키(Ernie J. Zelinski)'는 「느리게 사는 즐거움」이란 책에서 "사람들의 걱정의 40%는 절대 일어나지 않을 것에 대한 것이고, 30%는 이미 일어난 일에 대한 것이고, 22%는 걱정하지 않아도 될 일들에 대한 것이고, 4%는 우리 힘으로 어쩔 수 없는 일들에 대한 것이고, 나머지 4%만이 우리가 대처할 수 있는 일들에 대한 것이다.

즉, 우리가 걱정하는 것의 96%는 쓸데없는 걱정인 것이다."라고 하였다. 그러므로 염려는 우리에게 해(害)롭기만 하고 하나도 이(利)로울 것이 없는 백해무익(百害無益)한 것이다.

23. 염려를 주께 맡겨라

"너희 염려를 다 주께 맡기라 이는 그가 너희를 돌보심이라"(벧전 5:7)

2차 세계대전 직후 연합군은 굶주리고 집 없는 아이들을 모아 커다란 캠프 안에서 함께 살도록 했다. 거기서 아이들은 배불리 먹을 수 있었으며 보살핌도 받았다. 그러나 이상하게도 밤이면 잠을 잘 이루지 못하고 불안해하는 모습들이었다.

심리학자가 한 가지 묘안을 생각해 냈다. 아이들이 침대 속에 들어간 후에 각자가 손에 쥐고 있을 빵을 한 조각씩 나누어주었다. 그것은 먹으라고 준 것이 아니라 그냥 손에 들고 있도록 준 것이다. 그런데 그 조그마한 빵 한 조각이 놀라운 효과를 가져왔다. 아이들은 내일도 먹을 것이 있다는 안도감에서 평안히 잠들었던 것이다. 내일 먹을 것을 염려해야만 했던 아이들이 내일의 염려를 해결했기 때문이다.

주님은 모든 수고하고 무거운 염려와 근심의 짐을 나에게 맡기라고 하셨다. 내일의 모든 염려를 주님께 맡기고 하루하루 쉼을 얻으시기 바란다.

"수고하고 무거운 짐 진 자들아 다 내게로 오라 내가 너희를 쉬게 하리라 나는 마음이 온유하고 겸손하니 나의 멍에를 메고 내게 배우라 그리하면 너희 마음이 쉼을 얻으리니 이는 내 멍에는 쉽고 내 짐은 가벼움이라 하시니라"(마 11:28-30)

24. 어머니의 기도

"쉬지 말고 기도하라"(살전 5:17)

한국의 '종근당'이라는 제약회사를 우리는 잘 알고 있을 것이다. 이 회사의 로고가 종이다. 종이 회사의 상징인 것이다. 종이 그 회사의 상징이 된 이유가 있다. 옛날에 서대문 영천 시장은 콩나물 장수 아줌마들이 많기로 유명했다. 그중 신앙심 깊은 한 아주머니가 있었다. 이 아주머니는 새벽마다 콩나물통을 머리에 이고 시장에 나가는 길에 꼭 교회에 들러 새벽기도를 드렸다.

비록 돈이 없는 가난한 가정이었지만, 자식들만큼은 믿음으로 잘 성장하여 하나님의 귀한 일꾼이 되도록 새벽마다 간절하게 기도했다. 결국 이 아주머니의 기도는 이루어졌고, 아들들은 훌륭한 하나님의 일꾼으로 성장했다. 아들 중 하나가 훗날 큰 제약회사의 사장이 되었다. 아들은 어머니가 매일 새벽 교회에 나가 간절하게 기도하던 일을 잊을 수 없었다. 지금의 자기가 있는 것은 어머니가 새벽마다 교회에 나가 간절히기도 드린 덕분이라고 생각했다. 그리고 이 사실을 늘 잊지 않고 살 수 없을까 생각하다가 교회 종소리가 생각났다. 지금이야 사라졌지만, 옛날에는 교회에서 새벽마다 종을 쳤다. 그래서 그는 교회의 새벽 종소리가 연상되도록 자신의 제약회사 이름을 '종근당'이라고 짓고, 심벌마크를 '종(鍾)'으로 정했다.

기도의 성자라 불리는 영성가이며 목사인 E. M. 바운즈(Edward McKendree Bounds)는 "기도는 하나님이 주시기로 계획하신 축복을 실어 나르는 도구"라고 말했다.

소망이 없던 방탕한 어거스틴이 돌아오기까지는 그의 어머니 모니카가 흘린 눈물의 기도가 있었다. 아들이 방황하던 시절, 모니카는 암브로시우스(Ambrosius) 감독으로부터 "눈물로 기도한 자녀는 결코 망하지 않는다"라는 말을 들었다. 그 말이 뇌리에 박힌 그녀는 그 말을 약속으로 붙잡고 방탕한 길을 헤매는 아들의 이름을 부르며 밤낮 눈물로 하나님께 간구하며 매달렸다. 자녀를 향한 어머니의 기도는 지칠 줄 몰랐다. 포기하지 않은 모니카의 기도는 기어코 탕자 어거스틴을 성 어거스틴(St. Augustine)으로 만들었다.

눈물로 간구하는 어머니의 기도는 무쇠보다도 강하다. 결국 어머니의 기도는 죽어가는 자녀를 살려내고, 망해가는 자녀를 성공의 자리로 올려놓게 된다. 암브로시우스 감독의 "눈물로 기도한 자녀는 결코 망하지 않는다"라는 말처럼 기도하는 어머니는 그 무엇보다도 귀하고 존귀하다.

25. 존 뉴턴(John Newton) 어머니의 중보기도

"너는 기도할 때에 네 골방에 들어가 문을 닫고 은밀한 중에 계신 네 아버지께 기도하라 은밀한 중에 보시는 네 아버지께서 갚으시리라"(마 6:6)

찬송가 305장 「나 같은 죄인 살리신」(Amazing Grace)의 작사자 존 뉴턴의 어머니의 기도는 놀라운 역사를 이룬 것으로 유명하다. 존 뉴턴은 15세에 홀어머니를 두고 가출한다. 그리고 그는 노예상에 들어가 일을 한다.

나중에는 노예선 선장까지 된다. 그래서 많은 죄를 짓고 나쁜 일을 많이 했다. 그가 노예선에 흑인들을 태워 아메리카로 갈 때의 일이다. 뜻하지 않게 풍랑을 만나 배가 난파된다. 너무나 위험한 가운데서 그는 자기 어머니가 믿고 있는 하나님을 부른다. 그런데 놀랍게도 하늘로부터 밀려온 신비로운 체험을 한다. 하나님의 임재를 느낀 그는 결국 회심하게 된다. 그리고 기적적으로 구출을 받는다. 그것은 어머니의 눈물의 중보기도 결과였다. 아들이 가출한 후 그 어머니는 아픈 가슴을 안고 밤마다 기도했다.

그는 그 후 노예상을 청산했고 목사가 된다. 그는 유럽 각지를 돌며 지성인들에게 호소했다. 회개의 역사가 나타났다. 그 결과 부도덕한 노예 상행위를 금하게 된다. 그런 움직임이 아메리카로 흘러 들어갔다. 결국 그것은 흑인 노예 해방 운동의 결정적인 기초가 된다.

그 뿌리를 캐 보면 존 뉴턴의 어머니의 기도가 있었던 것이다. 중보의 기도는 이렇게 강력하다. 특히 어머니의 기도는 하늘 문을 여는 기도이다.

26. 종교개혁자 마틴 루터(Martin Luther)의 기도의 영성

"하나님의 말씀과 기도로 거룩하여짐이라"(딤전 4:5)

신발을 만드는 사람이 신발을 만들고, 재단사가 외투를 만드는 것처럼 기도는 그리스도인의 당연한 의무이다. 그러므로 기도는 그리스도인이 하루도 거르지 않고 해야 하는 일이다. 기도의 형식적인 신학이 아니라 루터 자신이 가진 매일의 기도 습관을 소개한 책 중의 일부분이다.

"만일 우리의 기도가 하나님께 전달되기를 바란다면 무엇보다 우리는 하나님의 말씀에 귀를 기울여야 한다. 그렇지 않다면 우리가 눈물을 흘리고 부르짖더라도 하나님은 우리의 기도에 귀를 기울이지 않으실 것이다."

언젠가 루터는 기도와 묵상과 고난이 우리 모두를 그리스도의 좋은 일꾼으로 만든다고 말했다. 사실 이 세 가지는 루터 자신의 삶을 요약하는 핵심적인 단어들이다. 루터는 기도의 사람이었다. 그는 시간을 내기가 어려울 정도로 분주했지만 바쁘기 때문에 더욱 기도한다고 즐겨 말했다. 루터는 하루도 거르지 않고 네 시간씩 기도했다. 기도하지 않고서는 종교개혁이라는 엄청난 일을 감당할 수 없음을 잘 알고 있었기 때문이다. 루터는 주변 사람들에게 기도하지 않고 일에 힘쓰는 것은 뿌리를 내리지 않은 채 위로만 치솟으려 하는 것과 별반 다르지 않다고 입버릇처럼 말했다. 능력 있는 그의 기도는 죽어가는 사람까지 살려낼 정도였다.

1540년 그의 친구이자 동료였던 미코니우스가 병에 걸려 죽음이 멀지 않았음을 직감하고 작별의 편지를 보내왔다. 루터는 그에게 다음과 같이 회신했고, 미코니우스는 자리에서 곧장 일어났다.

"하나님의 이름으로 명하노니 자네는 죽지 말고 살아야 하네. 교회의 개혁을 위해서 내게는 아직도 자네의 힘이 절실히 필요하기 때문이야. 주님은 결코 자네가 죽었다고 내게 말씀하지 않으실 테고, 나보다 자네를 더 오래 살게 하실 것이라네. 나는 이를 위해서 기도한다네. 이것이 내 뜻이며, 이러한 내 뜻은 이루어질 것이라고 확신하네. 나는 오직 하나님의 이름을 영화롭게 하기를 소원하고 있기 때문이지."

루터는 말씀에 사로잡힌 사람이었다. 그가 종교개혁이라는 대단한 사역을 성공적으로 감당해낸 능력은 하나님의 말씀에서 비롯되었다. 죄와 은총의 문제를 제대로 해결하지 못하던 루터에게 있어서 성경은 어두운 시기를 벗어나게 해준 한줄기 빛이었다. 루터는 영원히 해결될 것 같지 않은 죄의 문제와 씨름을 벌이다가 로마서를 통해 힘겨운 영적 싸움을 마무리할 수 있는 열쇠를 발견했고, 그 후로 그는 말씀의 사람이 되었다. 루터는 교황과 로마교회의 권위가 아니라 하나님의 말씀을 자신의 삶과 신앙을 판단하는 기준으로 삼았다. 그는 그리스도인들에게 이렇게 조언했다.

"그리스도인은 신실하게 신앙과 성경에 따라서 살아가야 한다. 그리스도인의 믿음과 삶은 견디기 힘든 교화의 법 없이도 얼마든지 존재할 수 있다. 그런 로마의 법은 과감하게 축소하거나 아니면 폐지해야 한다. 그렇게 하지 않으면 진정한 신앙은 존립하기 어렵다."

루터는 다작을 하는 것으로 유명했다. 그가 남긴 저서는 모두 3천 1백 권으로, 무려 6만 쪽을 넘겼다. 이런 다작은 교황의 대리자들까지 놀랄 정도였다. 루터가 보름스 제국회의에 소환되었을 때 그 자리에 모인 사람들은 한꺼번에 쌓여 있는 저서들을 보고 한 개인이 집필했다는 사실을 믿지 못했다. 그랬던 루터가 기도를 주제로 얼마 되지 않은 작은 분량의 이 책을 집필하게 된 것은 아주 우연한 일 때문이었다.

하루는 루터의 오랜 벗이자, 이발을 도맡아 해주던 페터 베스켄도르프(Peter Beskendorf)가 기도를 잘할 수 있는 방법이 무엇인지 물었다. 루터는 누구보다 분주한 삶을 살면서도 자신을 위해서 봉사하는 이발사의 요청을 외면하지 않고 원고를 집필하기 시작했다. 루터는 기도에 관한 장황한 설명보다 자신이 직접 삶 속에서 경험한 기도의 삶을 보여주는 것이 친구에게 더 큰 도움이 된다고 생각해서 자신의 경험을 바탕으로 이 책을 집필하게 되었다. 그렇게 해서 완성된 원고가 1535년 봄에 「단순한 기도의 방법, 귀한 벗을 위해서」라는 제목으로 출판되었고, 현재까지 경건서적들 가운데 대표적인 고전으로 인정받고 있다. 루터는 이 책에서 단지 기도만을 설명하고 있지 않다.

루터는 이 책을 통해 기도뿐만 아니라 그리스도인이 반드시 알아야 할 영적 생활의 비밀을 말하고 있다. 주기도문, 사도신경, 십계명을 통해 우리가 어떻게 신앙을 고백하고 하나님께 기도를 드려야 하는지, 그리스도인의 삶이 어떤 모습이어야 하는지 등을 자신의 경험을 비추어 설명하고 있다. 특히 기도의 형식적인 신학이 아니라 종교개혁자의 매일의 기도 습관을 즐겁게 소개하고 있기 때문에 더욱 특별하다고 할 수 있다.

우리는 루터의 기도 습관을 기억해야 한다. 루터는 시간을 내기가 어려울 정도로 분주했지만 바쁘기 때문에 더욱 기도한다고 즐겨 말했다. 그리고 루터는 하루도 거르지 않고 네 시간씩 기도했다. 기도는 그리스도인의 당연한 의무이다.

27. 성도의 위기는 기도하지 않는 것이다

"기도를 계속하고 기도에 감사함으로 깨어 있으라"(골 4:2)

하나님과의 대화가 끊겼다는 것은 하나님과의 관계가 단절되었다는 말과 같다. 가정에서도 가족 간에 대화가 끊긴 가정은 가정으로서의 제 기능을 할 수가 없다. 서로 이해하지 못하고 사소한 것에서도 오해가 생길 수 있다. 서로 소통한다는 것은 인간의 최고의 행복이다.

집에서 기르는 강아지도 주인과의 소통을 위해서 꼬리를 흔들며 자신의 의사 표시를 하는데, 신앙인이 하나님과의 소통을 위해서 기도하지 않는다는 것은 위험한 일이다.

신앙생활을 오래 하면 할수록 유익한 점은 하나님의 뜻을 깨달아 간다는 것이다. 사람에게 손 벌려 봤자 한계가 있고 자신들의 유익에 부합하지 않으면 언제든지 등 돌리기 쉬운 것이 인간이다. 하나님과의 관계는 이익을 따지지 않는다.

나는 오래전부터 그런 생각을 했었다. 나의 어려움을 사람에게 말하지 말자는 것이다. 인간은 극도의 이기주의자들이다. 안 그런 척 해도 내면을 자신에게까지 숨길 수는 없을 것이다. 하나님께 먼저 의논하고 대화하는 습관이 무엇보다 중요하다.

하나님은 우리의 모든 것을 사랑하신다. 우리 속에서 죄(罪)만 뽑아내면 하나님은 우리의 모든 것을 받으신다. 죄는 모든 것의 방해물이다. 기도를 막고 하나님과의 관계도 막아 버리는 그야말로 악한 것이다. 기도가 막혔는가? 죄 때문이다. 기도가 끊겼는가? 영혼에 비상벨을 울려야 한다.

기도가 얼마나 중요했으면 기도를 영혼의 호흡이라고까지 하였겠는가? 기도하지 않으면 우리의 영혼은 메말라가고 시들해져서 마침내 신앙은 죽고 말 것이다. 기도는 우리를 하나님과 연결해 주는 위대한 하나님의 선물이다.

28. 위기(Crisis)는 기회(Opportunity)이다

"그러나 내가 가는 길을 그가 아시나니 그가 나를 단련하신 후에는 내가 순금 같이 되어 나오리라"(욥 23:10)

나라가 온통 대통령과 측근 실세에 대한 이야기로 국민들 입에서 온 나라가 큰 위기에 빠졌다고 이구동성으로 말했던 때가 있었다. 그러나 어떻게 대처하느냐에 따라 위기는 기회가 되고 축복이 될 수 있다. 위기라는 말은 '위험'이란 말과 '기회'란 말이 합쳐져서 된 말이다. 때문에 위기 상황에서 더욱 큰 위험에 빠지는 사람들도 있고 지혜로 놀라운 기회를 만들어 가는 사람들도 있다.

스데반 집사는 종교 지도자들에게 잡히면서 어려움을 당했지만 그 위기를 복음을 전하는 기회로 삼았다. 그는 위기 속에서 복음을 전하고 수많은 사람들에게 영향력을 끼쳤다. 그리고 사도 바울에게 강력한 인상을 남겼다. 사람들은 위기에 직면하면 하나님을 찾는다.

위기의 시대를 잘 선용하면 복음을 전하는 기회가 되고 성장하고 성숙할 수 있는 전환의 계기가 될 수 있다. 어떤 면에서 성경은 위기를 극복한 사람들의 이야기라고 해도 틀린 말이 아니다.

성경 속에서 위기를 탁월하게 극복했던 두 사람이 있다. 첫째는 요셉이고, 둘째는 모세이다. 요셉은 형들의 시기와 질투로 애굽에 종으로 팔려갔다. 하루아침에 아버지의 사랑을 받는 부잣집 아들에서 애굽의 천한 종이 된 것이다. 그러나 요셉은 위기를 원망하지 않고 하나님을 바라보았다. 많은 사람들은 갑자기 위기를 당하면 당황하고 잘 받아들이지 못하며 주변 사람을 원망하고 하나님을 원망한다. 그리고 나중에 가서야 자신의 잘못을 깨닫게 된다. 그러나 요셉은 어느 누구도 원망하지 않았다. 성경을 보면 요셉이 원망하거나 불평한 것을 발견할 수 없다. 오히려 더 신실하게 하나님을 바라보고 하나님을 의지하였다. 요셉은 배반의 위기, 모함의 위기를 슬기롭게 극복하는데, 그 비밀을 성경은 이렇게 말하고 있다.

"여호와께서 요셉과 함께 하시므로…"(창 39:2)

하나님은 자신을 주인 삼고 의지하는 자들과 함께하셔서 승리를 주시는 분이시다. 모세 역시 위기 속에서 태어났지만 부모의 믿음과 하나님의 은혜로 사명을 감당하고 하나님께 쓰임 받았던 지도자이다.

성경은 모세에 대해 "모세가 애굽 사람의 모든 지혜를 배워 그의 말과 하는 일들이 능하더라"(행 7:22)라고 적고 있다. 위기를 극복하기 위해선 실력이 중요한 무기이다. 인생은 참 변수가 많다. 언제나 위기가 갑자기 올 수 있다. 그러므로 평소에 실력을 갖추고 있어야 한다. 실력 있는 사람은 오히려 위기에 더 빛이 나게 돼 있다. 우리는 하나님을 믿기 때문에 더 열심히 살아야 하고 더 실력을 갖춰야 한다. 하나님이 쓰시기에 불편함이 없이 준비하고 있으면 위기에 쓰임 받는 하나님의 비장의 카드가 될 것이다.

모세는 실력 있는 사람이었지만 동시에 기도하는 사람이었다. 출

애굽 역사를 보면 모세는 위기 때마다 하나님 앞에 기도드렸던 것을 볼 수 있다. 어려운 일을 당할 때마다 부르짖어 기도했고, 백성들이 대적해올 때마다 하나님 앞에 엎드렸다. 기도로 자신을 절제하고 다스렸으며(민 12:3) 기도로 하나님을 대면하고 만났다(민 12:8).

기도는 나를 변화시키고 하나님을 움직이는 가장 강력한 에너지이다. 수많은 하나님의 사람들이 기도로 위기를 극복했다.

역사학자 아놀드 토인비(Arnold Joseph Toynbee)는 "역사적으로 문명이 최고로 발전한 시기는 평탄할 때가 아니라 고통스러웠을 때였다. 위기는 각성을 낳고 각성은 참신하고 창조적인 방향을 낳는다"라고 했다. 위기는 기회이다. 우리들도 위기를 잘 대처하면 기회가 되고 축복이 될 것이다.

29. 시험을 만날 때 기쁘게 여기라

"내 형제들아 너희가 여러 가지 시험을 당하거든 온전히 기쁘게 여기라"(약 1:2)

군함이나 상선들의 가장 중요한 부분은 앞 돛대이다. 무거운 돛에 바람이 불면 그 앞 돛대에는 큰 힘이 가해진다. 강풍을 만나는 경우에는 그 돛대가 부러져서 배와 화물뿐만 아니라, 선원들의 생명이 위험에 처할 때도 있다.

만약에 돛대에 결함이 있었던 것으로 드러나면 배를 만든 사람이 책임을 진다. 그런 불행을 막기 위해 훌륭한 조선업자들은 높은 언덕의 정상에 있는 나무를 돛대 감으로 점찍어 두고는 그 나무를 바람으로부터 보호할 만한 주위의 모든 나무들을 베어버린다. 그 후 여러 해 동안 동서남북으로부터 바람이 불어닥치고, 그 나무는 어려운 여건 가운데서 더욱 단단하게 자라간다. 드디어 그 나무는 배의 돛대가 되기에 충분할 정도로 강하고 튼튼한 나무가 된다.

폭풍이 몰아칠 때 바람에 의해 나무가 휘어짐에 따라 열이 발생하고, 이로 인해 나무는 더 많은 영양분을 빨아들인다. 뙤약볕이 내리쬘 때도 마찬가지이다.

하나님과 동행하는 가운데 만나는 역경은 성장과정의 일부이다. 하나님께서는 우리로 하여금 더 강해지고, 더 많은 열매를 맺도록 하기 위해 그런 역경을 허락하신다. 어려움의 정도에 따라 예수님으로부터 오는 영양분이 더 많이 필요하고, 예수님은 그때 영양을 풍족하게 공급해 주신다.

우리의 믿음이 성장하기를 원한다면 시험을 피하면 안 된다. 때로 핍박도 통과하고, 예수님 때문에 손해도 보고, 예수님 믿다가 억울한 일을 만나기도 해야 한다.

신앙생활하면서 온실 속의 화초처럼 바람도 겪지 않고 추위도 만나지 않으며 곱게 지내려고 하면 절대 믿음이 성장하지 않는다. 시험을 기쁘게 통과하면 우리의 믿음이 더 견고하게 되고 성숙하게 된다.

30. 진정으로 두려워할 분

"몸은 죽여도 영혼은 능히 죽이지 못하는 자들을 두려워하지 말고 오직 몸과 영혼을 능히 지옥에 멸하실 수 있는 이를 두려워하라"(마 10:28)

한 랍비가 로마에 갔을 때 그곳 거리에는 공고문이 나붙어 있었다. 그 공고문에는 "왕비께서 대단히 귀한 보석을 잃어버렸다. 30일 이내에 그것을 찾아 주는 자에게는 많은 상금을 주겠지만, 만일 30일이 지난 후에 그것을 소유한 자가 발견되면 즉시 사형에 처할 것이다."라고 씌어 있었다.

랍비는 우연히 그 보석을 발견하게 되었다. 그 보석을 찾게 된 랍비는 곧바로 신고해야 함에도 신고하지 않고 31일째 되는 날 보물을 찾았다며 왕비 앞에 가져왔다. 왕비는 그 보물을 바로 가져와야 함에도 그렇게 하지 않고 정한 기간을 넘겨서 보물을 가져온 랍비를 보고 화를 내었다.

"당신은 공고문에 30일 이내에 가져와야 한다는 것을 알지 못했나요?"

그러자 랍비는 그 사실을 알고 있다고 대답했다. 왕비는 다시 물었다.

"그렇다면 어째서 30일이 지나도록 신고하지 않고 그냥 이것을 지니고 있었나요? 어제 가져오기만 했어도 당신은 사형을 받지 않을 뿐 아니라 오히려 큰 상금을 받을 수 있었을 거예요. 당신은 목숨을 잃는 것이 두렵지 않았나요?"

그러자 랍비는 대답했다.

"왕비님! 제가 만일 정한 기간 이전에 이 보물을 되돌려 드렸다면 아마도 많은 사람들은 내가 왕비님을 두려워했기 때문이거나 혹은 왕비에 대한 존경심을 나타내려고 그렇게 했을 거라고 오해하였을 것입니다."

그러고는 잠시 말을 끊었다가 다시 말했다.

"제가 정한 날이 지나기를 기다렸다가 오늘 가져온 것은 제가 결코 왕비님을 두려워하지 않는다는 사실을 나타내기 위해서였습니다. 우리가 진정으로 두려워할 것은 하나님 한 분뿐이라는 것을 많은 사람들에게 가르쳐 주고 싶었기 때문입니다."

랍비의 말을 자세히 들은 왕비는 결론적으로 말했다.

"하나님을 진정으로 경외하는 당신에게 깊은 경의를 표하며 우리가 참으로 두려워할 자가 누구인지 가르쳐 준 당신에게 감사를 표하오." 하면서 그를 용서하여 주었다.

우리는 너무나 많은 두려움 속에 살고 있다. 내일 일이 두렵고 과거의 일마저 우리에게 두려움이 되고 현재 부딪히고 있는 일들이 두렵다. 그러나 진정으로 두려워할 분은 하나님 한 분뿐임을 알게 된다면 우리는 공연히 쓸데없는 두려움 속에 살고 있음을 깨닫게 될 것이다.

31. 하나님이 답이다

"여호와를 경외하는 것이 지혜의 근본이요 거룩하신 자를 아는 것이 명철이니라"(잠 9:10)

홀어머니를 모시고 살던 한 청년이 결혼을 한 후 어머니와 아내 사이에서 샌드위치 신세가 되었다. 어머니도 아내도 착한데 서로 다투고 미워하니 고민이 이만저만이 아니었다. 하루는 어머니가 말했다.

"나와 네 아내 중에서 하나를 택해라. 네가 네 아내를 택하면 나는 죽겠다."

그러자 아내도 "당신, 어머니를 택하든지 나를 택하든지 어서 택하세요. 어머니를 택하면 나는 이 집을 나가겠어요."라고 했다.

아들이 답변을 못하고 있으니 어머니가 "만일 네 처와 내가 물에 빠져 죽게 되면 누구부터 구하겠느냐? 네가 한 사람밖에 살리지 못한다면 누구를 살리겠느냐?" 하고 물었다.

캄캄한 어려움에 있던 아들에게 '번쩍' 하고 지혜가 떠올랐다.

"어머니를 살려야지요. 어머니를 구한 다음에 바다로 들어가 사랑하는 아내와 함께 죽겠습니다."

그 말에 어머니도 울고 아내도 울었다. 답이 없는 곳에서도 지혜가 번쩍이면 답이 나온다. 사람이 지혜가 있어도 답이 나오는데 하물며 하나님께서 지혜를 주시지 않겠는가?

하나님께는 답이 없는 문제가 없다. 길이 없는 곳이 없다. 하나님이 답이다. 하나님이 양식이시다. 양식이 없을 때 만나를 주셨다. 물이 없을 때 반석에서 생수가 솟아나게 하셨다. 밀가루가 없을 때 밀가루통에서 밀가루가 계속 솟아나게 하셨다. 길이 없을 때 홍해를 갈라 길을 내주시는 분이 하나님이시다.

문제의 답을 허락하신 하나님께서 우리의 친아버지이시다. 하나님께서는 주일마다 찾아오는 백성들에게 답을 주신다. 길이 되는 말씀을 주시는 것이다. 그러므로 주일 예배를 드리는 자는 망하지 않는다. 반드시 승리하게 된다. 예배의 성공자는 인생의 성공자가 된다. 진리의 말씀인 성경은 언제나 우리의 양식이 된다. 힘이 된다. 우리 삶의 문제를 해결하는 길이 되고 답이 된다.

32. 하나님과 사람 앞에서 은총과 귀중히 여김을 받으라

"네가 하나님과 사람 앞에서 은총과 귀중히 여김을 받으리라"(잠 3:4)

우리 믿음의 사람들은 사회생활을 하면서 인정을 받아야 한다. 어떤 사람은 직장에 들어갔는데 사장이 믿음의 사람이 아니고 불교인이라고 불평을 한다. 절대 그럴 필요가 없다. 요셉이 가정 총무로 있었던 보디발의 집은 우상을 섬기는 집이었다. 나중에 요셉이 국무총리가 되었던 애굽이란 나라도 하나님을 섬기는 나라가 아니었다. 우상을 섬기는 나라였다. 그런데 요셉이 그곳에서 이방 사람들에게 인정을 받았다. 이방 왕에게 인정을 받아 하나님의 이름까지 높이고 전하였다.

이런 전투적인 믿음의 용사가 필요하다. 믿음의 기업에서 믿는 사람들끼리 모여 북 치고 장구 친다고 하나님의 나라가 확장되지는 않는다. 정말 믿음이 좋은 청년들은 믿음의 기업이라는 이랜드나 신원 에벤에셀 같은 곳에 들어가지 말고, 불신자가 경영하는 곳에 들어가서 빛을 발해야 하는 것이다. 하나님은 이런 사람을 쓰셔서 이방인 가운데 하나님의 영광을 드러내시기 때문이다. 교회 안에서 사랑받게 된다면 믿지 않는 사람들에게도 사랑받고 호감을 사는 사람이 되어야 한다.

어떤 때는 믿음 좋은 하나님의 사람들이 미움을 받고 배척을 받을 수 있다. 그러나 보통의 경우에는 다른 사람에게 호감을 주는 사람을 통해서 하나님은 영광을 받으신다. 그래야 더 많은 사람에게 하나님을 알릴 수 있기 때문이다.

열린 귀로, 열린 마음으로 들어야 한다. 만약 자신의 주변에 있는 사람들이 자신을 좋아하지 않는다면 심각하게 자기 자신을 검토해 볼 필요가 있다.

하나님께 사랑을 받으면서 다른 사람들에게 미움을 받는다면 좋은 일이라고 할 수 없다. 물론 특수한 사정 때문에 하나님께 사랑을 받지만 다른 사람들에게는 미움을 받을 수도 있다. 그러나 보통의 경우에는 하나님께 사랑을 받으면 사람에게도 사랑을 받게 된다. 하나님께 사랑을 받는 사람은 다른 사람들을 사랑하기를 하나님을 사랑하는 것처럼 하기 때문에 사랑을 받을 수밖에 없다.

어떤 사람은 항상 약속시간을 지키지 못하고 지각을 한다. 출근 시간에도 거의 매일 같이 5분 정도 지각을 한다. 주위의 사람들이 눈치를 주면서 늦지 말라고 해도 또 늦는다. 약속시간도 무책임하게 잊어버린다. 직장에서 상관의 눈치를 살피면서 대충대충 일해 가지고 성공한 사람은 한 사람도 없다. 상관이 모르는 것처럼 보여도 다 알게 되어 있다. 시간이 지나면 모든 사람이 그 사람의 본질적인 모습을 보게 되어 있기 때문이다.

성공한 사람들은 자신의 일에 최선을 다한다. 대충대충은 실패의 지름길이다. 사람을 속이면서 일하는 사람은 절대로 성공할 수 없다. 일하는 데에는 별로 열심이 없고 월급에만 마음이 가 있는 사람은 어디에서도 인정받지 못한다.

직장에서 꼭 필요한 사람이 된다는 것은 그만큼 성실하게 일하는 사람이고, 그 성실함으로 인하여 유능한 사람이 되는 것을 뜻한다. 하나님을 믿는 사람들은 어디에서나 신뢰받는 사람이 되어야 한다. 그 사람은 다섯 개만 하면 되는 일을 일곱이나 열 개까지 자진해서 하는 사람이다. 그래서 언제든지 기대했던 것보다 더 나은 결과를 가져오게 하는 사람이다. 그런 사람은 시간이 갈수록 중요한 일을 맡게 될 것이다. 진급하게 될 것이다. 거룩한 영향력을 끼치게 될 것이다.

하나님과 사람 앞에서 은총과 귀중히 여김을 받는 것은 귀중한 축복이다. 요셉이 이 같은 복을 받아 하나님과 사람 앞에서 은총과 귀중히 여김을 받았다.

33. 자기관리

"낮에와 같이 단정히 행하고 방탕하거나 술 취하지 말며 음란하거나 호색하지 말며 다투거나 시기하지 말고"(롬 13:13)

사람이 성공적인 인생을 살기 위해서는 자기관리를 잘해야 한다. 요즈음 보면 유명 연예인이 성폭행이라는 스캔들에 휩싸여 한순간에 명예가 실추되고 인생이 만신창이가 되는 모습을 보게 된다. 그 이유는 순간적인 유혹을 이기지 못해 자기관리를 못했기 때문이다. 인생을 살다 보면 순간순간 다가오는 유혹이 있다. 그것이 돈일 수도 있고 명예일 수도 있고 쾌락일 수도 있다. 이 유혹을 이기지 못하면 한순간의 실수 때문에 삶 전체가 만신창이로 변한다. 유혹으로부터의 실패는 어제오늘의 일이 아니다.

로마시대 집정관 안토니우스(Marcus Antonius)의 삶을 보아도 그렇다. 안토니우스는 당시 로마의 강력한 지도자였다. 그의 외모 또한 출중하였고 은빛 목청을 가진 로마의 웅변가로 알려질 만큼 매력적인 사람이었다. 그는 로마가 가장 중요한 시기에 이집트 원정을 갔다. 그곳에서 클레오파트라(Cleopatra VII)의 유혹을 이기지 못하고 미색에 그만 빠져버렸다. 그곳에서 불륜을 맺음으로 세상 지도자로서의 명예와 권력뿐 아니라 생명까지 잃어버리고 말았다. 순간적인 육신의 정욕과 쾌락을 이기지 못한 결과였다.

우리는 매일매일의 삶 속에서 말씀과 기도로 자신을 관리해야 한다. 나를 넘어뜨리려고 오는 유혹을 말씀으로 물리치고 기도로 승리하는 자만이 인생을 성공적으로 이끌게 되는 것이다.

34. 노력하는 인생

"이러므로 우리에게 구름 같이 둘러싼 허다한 증인들이 있으니 모든 무거운 것과 얽매이기 쉬운 죄를 벗어 버리고 인내로써 우리 앞에 당한 경주를 하며"(히 12:1)

신라 시대 최치원은 12살 때 당나라로 유학을 떠났다. 유독 엄했던 아버지는 "10년 안에 당나라에서 벼슬을 하지 못하면 돌아오지 말라"라고 엄포를 놓았다. 신분이 낮으면 벼슬을 할 수 없었던 신라 시대에 유일하게 골품제를 극복할 수 있는 방법은 당나라의 과거에 합격하는 것이었기 때문이다.

당나라에 도착한 최치원은 6년 만에 과거에 합격했고, 뛰어난 문장가로 인정받았지만 뒤숭숭한 당나라 사정에 크게 쓰임 받지는 못하고 신라로 돌아왔다.

신라에서는 유학파 중 가장 뛰어난 실력을 인정받아 젊은 나이에 요직을 맡았고, 외국으로 보내는 서신을 도맡을 정도로 뛰어난 문장가로 이름을 날렸다. 이런 최치원을 두고 당시 신라에서는 '글솜씨를 타고난 사람', '세기에 한 번 나올 천재'라는 평이 많았다. 그러나

이 평을 들은 최치원은 오히려 다음과 같이 말했다.

"사람들이 나를 천재라고 말하는데 이는 전혀 틀린 이야기이다. 남이 백의 노력을 할 때 나는 천의 노력을 했을 뿐이다."

세상에 뭐든지 저절로 되는 것은 없다. 타고난 것 같아 보이는 천재들도 남몰래 흘린 땀과 노력의 결과이다. 하나님이 주신 비전을 위해, 더 나은 신앙을 위해 내가 할 수 있는 최선의 노력을 하는 것이 하나님을 기쁘게 하는 것이다.

시편 기자는 "또 여호와를 기뻐하라 그가 네 마음의 소원을 네게 이루어 주시리로다"(시 37:4)라고 말씀하였다.

35. 포기하지 않는 용기

"너희가 자기를 위하여 공의를 심고 인애를 거두라 너희 묵은 땅을 기경하라 지금이 곧 여호와를 찾을 때니 마침내 여호와께서 오사 공의를 비처럼 너희에게 내리시리라"(호 10:12)

시편 119편 71절~72절에는 "고난 당한 것이 내게 유익이라"라는 말씀이 있다. 고난이 없으면 기도생활도 게을러지고, 충성심도 없어지는 것이 인간의 모습이다. 그런 의미에서 고난은 우리에게 꼭 필요하다. 고난이 없기를 바라지 말고 고난 중에서도 큰 깨달음이 있게 해 달라고 기도하라.

비전을 향해 나아가다 보면 어려움도 생기기 마련이다. 그래도 용기를 잃지 말아야 한다. "재물을 잃는 것은 약간을 잃는 것이고, 명예를 잃는 것은 많은 것을 잃는 것이지만, 건강을 잃는 것은 다 잃는 것이다"라고 말하지만 건강 대신에 용기를 잃는 것이 다 잃는 것이라고 말할 수 있다. 그러므로 어떤 일을 당해도 용기를 잃지 말아야 한다. 어려울 때 하나님을 찾고 나아가면 된다. 그때 하나님은 우리와 함께하실 것이다.

두 사람이 사막에서 길을 잃었다. 한 사람은 "더 못 가겠다!"라고 자포자기했다. 그러나 다른 사람은 "조금만 더 가 보자!"라고 희망적인 말을 했다. 얼마 후에 그들 앞에 무덤이 보였다. 포기하려는 사람은 "저들도 여기서 죽었구나! 이제 우리는 끝났다!"라고 낙심했다. 그러나 다른 사람은 "무덤이 있다는 것은 머지않은 곳에 인가가 있다는 표시일 거야! 좀 더 힘을 내게!" 하고 희망의 말을 했다. 그래서 결국 인가를 찾아 살았다.

지금 코로나19로 현실이 어렵다. 그래도 포기하지 말아야 한다. 너무 어려워 무덤이 어른거리고 죽을 것 같은 상황이지만 죽을 것 같은 상황은 오히려 고난의 끝이 왔다는 표시이다. 좀 더 힘을 내야 한다. 포기하지 않으면 반드시 축복된 상황이 오게 될 것이다.

36. 인생의 3대 즐거움

"사람마다 먹고 마시는 것과 수고함으로 낙을 누리는 그것이 하나님의 선물인 줄도 또한 알았도다"(전 3:13)

인생의 즐거움은 세 가지가 있다. 첫째는 생각하는 즐거움이다. 생각하는 즐거움이 있기에 착각도 할 수 있다. "착각은 불경기가 없다"라고 하는데 내가 오래 산다는 착각, 내가 항상 옳다는 착각, 남들이 나를 다 좋아한다는 착각, 이 모든 착각이 다 생각하는 즐거움에서 온다.

옛날에 한 머슴이 있었다. 이 머슴은 아무리 고된 일을 해도 항상 웃으며 일했다. 하도 신기해 어떤 사람이 물었다.

"종살이를 하는데 뭐가 그렇게 즐거운가?"

그러자 머슴은 말했다.

"낮에는 내가 종이지만, 밤에 꿈을 꾸면 내가 왕이더이다."

꿈도 하나의 생각이다. 머슴은 밤에 왕의 꿈을 꾸는 즐거움에 현재의 신분을 잊고 즐겁게 일할 수 있었다.

중국에 용한 해몽가가 있었다. 하루는 황제가 그 해몽가를 불렀다.

"내가 꿈을 꾸었는데 용머리 기왓장이 떨어져 총애하던 비빈 중 한 사람이 죽었는데, 도대체 어떤 꿈이냐?"

그러자 해몽가는 말했다.

"좋지 않은 꿈입니다. 반드시 황제께서 총애하는 비빈 중에 좋지 않은 일이 생길 겁니다."

그러자 황제는 "당장 이놈의 목을 베어라! 내가 꾸지도 않은 꿈 이야기를 했는데 무엇이 어쩌고 어째!"라고 소리 질렀다. 그때였다. 신하가 황급히 황제에게 달려와 아뢰었다.

"방금 황제께서 총애하시는 비빈께서 장난을 하시다 머리를 다쳐 돌아가셨습니다."

얼굴이 하얗게 질린 황제는 또 물었다.

"어찌해서 내가 꾸지도 않은 꿈 이야기를 했는데 그것이 들어맞았는가?"

해몽가는 고개를 숙이며 답했다.

"황제여, 우리가 사는 것 또한 꿈이며, 한 생각 일어나는 것도 모두 꿈입니다."

생각의 힘은 이렇게 무섭다. 생각 하나가 세상을 바꿀 수 있다. 그러니 좋은 생각을 할 때의 즐거움이란 그 어떤 즐거움에도 비교되지 않을 정도로 크다.

두 번째 즐거움은 바로 먹는 즐거움이다. 요즘 웰빙이라고 편식을 많이 한다. 특히 채식이 좋다고 고기를 안 먹는 분들이 있는데 그렇다고 아주 고기를 먹지 않고 살 수는 없다. 사람은 몸 안의 영양소가 부족하면 건강의 균형을 잃어 쉽게 짜증을 내고 일에 집중할 수 없다. 또 다이어트가 비만에 좋긴 해도 무조건 굶는 다이어트는 부작용이 심각하다. 탈모, 빈혈, 노화, 피부건조 등의 후유증도 생긴다. 적당량을 골고루 맛있게 먹을 때 먹는 즐거움이 생긴다. 먹는 게 없으면 먹는 즐거움도 사라진다. 마음껏 먹는 즐거움을 누리는 것은 인간이기에 누릴 수 있는 축복이다.

세 번째 즐거움은 자연과 더불어 살아가는 즐거움이다. 등산, 골프, 여행 등 자연을 즐기는 방법은 많다. 인간은 자연과 더불어 살아야 한다. 그런데 인간을 위한다는 목적으로 자연을 훼손하고 파괴한다면 반드시 자연으로부터 재앙을 받게 될 것이다. 인간이 생명이듯이 자연도 하나의 생명체로 보고 아끼고 사랑해야 한다. 인간이 자신을 위해 자연을 파괴하는 행위는 남의 집을 빼앗는 것과 같다.

인생은 새와 같아서 어두워지면 숲에 잠시 머물렀다가 아침에 날이 밝으면 각자 자기 갈 길로 날아간다. 우리는 무엇을 위해 살아가고 있는가? 이 세 가지 즐거움과 벗하며 살아간다면 인생을 보다 잘 살 수 있다.

37. 일

"무슨 일을 하든지 마음을 다하여 주께 하듯 하고 사람에게 하듯 하지 말라"(골 3:23)

인간의 행복은 다른 데 있는 것이 아니라 자기 일을 즐거워하는 데 있다. 사람들을 보면 의무감 때문에 억지로 일하는 사람이 있는가 하면 하는 일이 재미있어서 신나게 즐거움으로 하는 사람이 있다. 그러면 누가 성공할 수 있을까? 누가 행복한 사람일까?

영국의 작가 칼라일(Thomas Carlyle)은 "자기 일을 찾아낸 사람은 행복하다. 그로 하여금 다른 행복을 찾게 하지 말라. 그에게는 일이 있으면 인생의 목적이 있는 것이다"라고 말했다.

그렇다. 자기의 일을 찾아 즐겁게 일하는 사람이 행복한 사람이다. 사람에게는 자기 일이 있다. 그 일을 천직(天職)이라고 한다. 청소부나 소방관이나 경찰의 역할은 중요하지만 그에 반해 보수는 적은 편이다. 그러나 자신의 일이 천직임을 알면 적은 월급일지라도 만족하고, 자기 일에 즐거워하면서 국민들에게 봉사할 수 있다.

그런데 지금 하고 있는 일이 자기 일이라고 생각되지 않는 경우라면, 또 무엇이 자기 일인지 모르는 경우라면 어떻게 해야 할까?

금속가공을 할 때는 선반이라는 기계를 사용하는데, 이때 볼트를 만드는 샘이라는 선반공이 있었다. 똑같은 일을 하루 종일 하니까 재미도 없고 지루해서 싫증이 났다. 직장을 그만 두고 싶어도 옮길 만한 직장이 없어 이러지도 저러지도 못하고 있었다.

그러던 어느 날, 이 선반공은 어차피 해야 할 일이라면 재미있게 하는 법이 없을까 생각하기 시작했다. 그 일로 생각에 잠겼는데, 한 가지 좋은 생각이 떠올랐다. 그는 옆에서 근무하는 동료에게 누가 볼트를 더 많이 만들어내는지 시합을 하자고 제안했다.

현장 감독이 우연히 샘이 일하는 모습을 보게 되었다. 감독이 보기에 샘은 아주 정확하고 빠르게 볼트를 만들었다. 감독은 샘을 신임하기 시작했고, 곧 좋은 자리로 옮겨주었다. 이것이 승진하는 계기가 되었다. 그로부터 30년 후, 샘은 기관차를 제조하는 볼드윈 기관차 회사의 사장이 되었다. 그의 정확한 이름은 사뮤엘 보크레인

(Samuel Vauclain)이다.

샘은 처음에 자기의 일이 지루해서 회사를 그만둘까 생각했다. 그렇게 어쩔 수 없다고 생각하며 매일매일을 지루하게 살았더라면 평생을 직공으로 보냈을 것이다. 하지만 지루한 일도 마음을 바꾸어 재미있게 하다 보니 권태로움을 이기고 능력도 인정받아 승진하게 되었다. 단지 힘든 일이라고 생각하고 일을 대하면 하기도 싫고 일하는 내내 고통스럽다. 하지만 나에게 도움이 되는 일, 능력을 길러주는 일, 놀이라고 생각하면 일할 수 있는 것이 고맙게 여겨지고 일도 잘 되어 성과가 나타난다.

사람들은 직업을 선택할 때 흔히 월급을 따진다. 그러나 월급이 많아도 일이 재미가 없으면 그 직장생활은 오래하기 어렵다. 무엇이 직업 선택의 조건이 되어야 할까? 월급이 많은 일이 아니라 재미가 있는 일이어야 한다.

소련의 작가인 막심 고리끼(Maxim Gorky)는 "일이 낙이 될 때 인생은 즐겁다. 그러나 일이 의무일 때 인생은 노예다"라고 말을 했다. 일이 재미있어서 하는 것이 아니라 단지 돈 때문에 억지로 한다면 그 사람은 노예와 다를 바 없는 것이다. 누가 뭐라고 하든지 자신의 일을 하나님의 천직으로 알고 성실하게 기쁨과 즐거움으로 해 나갈 수 있는 사람이 행복한 사람이다. 우리가 볼 때도 자신의 일에 몰두하는 사람을 보면 행복해 보인다. 일이 없는 인생은 너무나 지루하다. 우리는 자신의 일을 찾아야 한다. 그리고 자신의 일로 인해 만족하고 기쁨을 누릴 수 있어야 한다. 그것이 곧 행복의 결과다.

38. 휴식(Repose)

"하나님이 그 일곱째 날을 복되게 하사 거룩하게 하셨으니 이는 하나님이 그 창조하시며 만드시던 모든 일을 마치시고 그 날에 안식하셨음이니라"(창 2:3)

휴식(Repose)이란 새로운 창조이다. 새로운 미래를 만들고, 새로운 역사를 만들고, 새로운 내일을 만들기 위해 휴식은 필요하다. 그러므로 우리는 억지로라도 휴식을 만들어 내야 한다.

두 사람이 숲속에서 아침부터 저녁까지 똑같은 시간 동안 도끼로 나무를 찍는 작업을 했다. 한 사람은 점심시간에 잠깐 20분 정도 쉬는 시간을 제외하고는 아침부터 저녁까지 계속 부지런히 나무를 찍었다. 다른 한 사람은 네 차례 정도 넉넉히 쉬어 가면서 일을 했다.

그런데 저녁이 되어 일을 끝낸 후 성과를 비교해 보니 네 번씩이나 쉬며 일한 사람이 더 많은 나무를 벤 것이다. 조금밖에 쉬지 않은 사람이 놀라면서 물었다.

"아니, 당신은 나보다 훨씬 더 많이 쉬었는데 어째서 나보다 좋은 결과를 얻었습니까?"

그러자 쉬어 가면서 일한 사람이 대답했다.

"나는 쉬면서 도끼날을 다듬고 날을 세웠습니다. 그리고 나서 더 힘차게 나무를 찍었습니다. 그래서 당신보다 더 좋은 결과를 얻게 된 것입니다."

휴식은 낭비가 아니다. 신앙생활에 있어서도 마찬가지다. 부지런히 일하는 것도 좋지만 일 자체가 목적이 되지 않도록 해야 한다. 일에 몰입하다가도 쉬어야 할 때는 쉴 수 있는 절제의 능력이 필요하다.

미국의 유명한 영성 신학자인 노만 샤우척(Noman Schawchuck)은 영성훈련에 대해서 "하나님을 기다리면서 시간을 낭비하는 것"이라고 말했다.

노만 샤우척은 집단적인 훈련, 소그룹 훈련, 개인적인 골방 훈련을 할 때도 사이사이 혼자만의 쉬는 시간을 많이 배정해야 한다고 말한다. 아마 우리나라 기독교인들의 눈에는 그것이 시간을 낭비하는 것처럼 보일 것이다.

그러나 노만 샤우척의 설명에 따르면, 하나님은 안식하시는 하나님이요 바쁜 일상생활에 지친 몸과 마음을 편안히 쉬며 하나님을 바랄 때에 세미한 음성을 들려 주셔서 우리의 영을 새롭게 하시는 분이라는 것이다. 우리가 새겨들어야 할 말이다.

'설교의 황태자'라는 별명으로 불리는 탁월한 설교자인 찰스 스펄전(Charles Haddon Spurgeon)은 "잠이 육체에 필요하듯이 휴식은 정신에 필수적이다. 우리의 안식은 사역을 위한 것이다. 우리가 오랫동안 쉬지 않으면 우리는 좌초될 것이다"라고 말했다. 휴식은 새로운 창조를 위해 절대적으로 필요하다.

병에 걸리지 않고 건강하게 살려면 휴식에 대한 올바른 지식을 가져야 한다. 휴식은 하나님의 뜻이다. 그리고 선물이다. 내 체력과 내 능력의 한계를 알아야 하고 절제할 줄 알아야 한다. 포기할 줄도 알아야 한다.

일중독 증세는 휴식시간이 생겨도 그 시간을 활용할 줄 모르고 일이 없으면 불안해하고 안절부절못하는 것이다. 일중독에 빠진 우리나라 사람들은 가만히 있는 것을 낭비로 생각하고 쉬는 것에 대해 죄책감을 갖는다. 이러한 생각을 바꿀 필요가 있다.

39. 행복

"나는 비천에 처할 줄도 알고 풍부에 처할 줄도 알아 모든 일 곧 배부름과 배고픔과 풍부와 궁핍에도 처할 줄 아는 일체의 비결을 배웠노라"(빌 4:12)

역사상 가장 사치스러운 왕으로 알려져 있는 루이 14세는 가지고 싶은 것은 무엇이든 가져야 성이 차는 사람이었다. 그는 항상 무엇인가 부족하다는 생각에 빠져 살았다. 그렇게 모든 것을 지나칠 정도로 누리며 살았건만, 가지면 가질수록 욕구불만이 생기게 되었다. 그것이 원인이 되어 급기야는 시름시름 앓게 되었다. 세상에 용하다는 의사를 다 불러들였지만 그 누구도 병의 원인과 진단을 내리지 못했다.

그러던 어느 날 어떤 의사가 그를 찾아와 세상에서 가장 행복한 사람의 속옷을 빌려 입으면 병이 나을 것이라고 했다. 그는 세상에서 가장 행복하다는 사람들을 찾아 나섰다. 그러나 좀처럼 행복해 보이는 사람을 찾을 수 없었다. 실망과 피곤에 지쳐 돌아오는 길에 루이 14세는 즐겁게 노래하면서 양을 치는 목동을 발견하였다. 그의 얼굴은 그지없이 해맑았다. 그에게는 걱정이란 없어 보였다. 루이 14세는 행차를 멈추게 하고 그 목동을 불러서 물었다.

"애야, 너는 정말 행복해 보이는구나. 너는 걱정거리가 하나도 없느냐?"

목동은 대답하기를 "저는 늘 행복하답니다. 걱정도 근심도 없고 보시는 바와 같이 이렇게 늘 즐겁게 살고 있습니다."라고 하였다.

루이 14세는 너무나 기뻤다. 그래서 사정 얘기를 하며 속옷을 빌려주기를 부탁했다. 소년은 "왕을 위해서라면 기꺼이 드리지요." 하며 겉옷을 벗었는데, 이게 웬일인가? 그는 가난하여 속옷을 입고 있지 않았다. 루이 14세는 돌아오는 길에 이런 말을 남겼다.

"행복한 사람은 있어도, 행복한 사람의 속옷은 없구나!"

우리가 느끼는 행복이란? 무엇을 더 많이 소유함으로 생기는 것이 아니다. 무엇이 진정한 복인가를 아는 것이 참으로 중요하다.

40. 행복은 가까이에 있다

"그러나 자족하는 마음이 있으면 경건은 큰 이익이 되느니라"(딤전 6:6)

남아프리카에 가면 골곤다(Golconda)라고 하는 세계 제일의 유명한 다이아몬드 광산이 있다. 이 광산이 개발된 기막힌 사연이 있다. 본래는 이 지역이 목장 지대였다. 목장의 주인은 큰 부자는 아니었지만 비교적 넉넉한 삶을 영위하고 있었다. 그런데 그 나라에 영국 사람이 들어와서 갑자기 다이아몬드 붐이 일어나기 시작했다. 곳곳에서 다이아몬드 광산이 발견되면서 벼락부자들이 생겨났다. 그러다 보니까 목장 주인의 마음속에 급한 생각이 들기 시작했다. 꾸물거리다가는 자기만 손해를 볼 것 같았다. 다른 사람들에 비해서 상대적으로 자기가 자꾸 가난해지는 것 같은 생각이 들었기 때문이다. 그래서 그 목장 주인도 다이아몬드에 대해서 관심을 가지고 여러 가지를 알아보았다.

먼저 그는 다이아몬드가 어떠한 곳에서 나오는지를 조사해 보았다. 그랬더니 해답이 간단하게 나왔다. 지형적으로 주변이 산으로 빙 둘러 있고, 그 가운데는 시내가 흐르고, 시내에 의해서 모래사장이 형성되어 있는 곳이 확률적으로 다이아몬드가 나올 가능성이 많다는 것을 알게 되었다. 그는 즉시 자기 목장을 팔았다. 그리고 전국을 누비면서 그런 곳을 찾기 시작했다.

비슷한 지형이 나오면 무조건 닥치는 대로 사들였다. 그러나 불행하게도 그때마다 번번이 실패를 했다. 다이아몬드를 찾기 시작한 지 어언 10년이 흘렀다. 이제는 수중에 있던 돈도 다 떨어지고 빈털터리가 되고 말았다.

결국 그는 깊은 절망감을 이기지 못하고 바다에 자기 몸을 던지고 말았다. 스스로 목숨을 끊어 버리고 만 것이다. 그런데 기막힌 일은 바로 그 사람에게서 목장을 산 어떤 사람이 자기 목장을 돌아다니던 어느 날, 우연히 검은 색이 나는 이상한 돌 하나를 발견하였다. 그것을 집어들고 호기심을 가지고 깨뜨려 보았다.

그러자 그 안에서 번쩍번쩍 빛나는 광채가 나기 시작했다. 틀림없는 다이아몬드 원석이었다. 얼른 그 주변을 파 보았다. 손으로 파기만 해도 그 속에서 다이아몬드 원석이 엄청나게 쏟아져 나왔다. 그렇게 해서 개발된 곳이 바로 세계 제일의 다이아몬드 광산인 골콘다이다. 원래의 목장 주인은 행복의 파랑새가 바로 자기 곁에 있었는데도 그것을 알지 못했다. 괜히 멀리서 찾다가 결국은 찾지도 못하고 허무한 죽음을 맞이하고 만 것이다. 행복은 멀리 있지 않다.

41. 행복한 사람

"내가 여호와를 항상 내 앞에 모심이여 그가 나의 오른쪽에 계시므로 내가 흔들리지 아니하리로다"(시 16:8)

우리가 즐겨 부르는 찬송가 434장을 비롯해서 많은 찬송시를 지은 화니 크로스비(Fany J Crosby) 여사가 있다. 그는 생후 6주 만에 맹인이 되어서 세상을 구경하지 못한 불행한 사람이었다. 그는 할머니께 성경을 배웠으며, 15세에 맹인학교에 입학하였다. 그가 94세를 일기로 생을 마치기까지 9,000편의 찬송시를 썼다. 인간적으로 볼 때 가장 불행한 여인이었던 그녀가 말년에 이렇게 고백했다.

"나는 세상에서 가장 행복한 사람입니다."

어떠한가? 당신은 진정으로 행복한 삶을 살고 있는가? 사람이 살아가는 데는 여러 가지 모양이 있고 또 사람마다 사는 의미나 목적이 조금씩 다르다. 그래서 사람이 짧은 일생 동안 때로는 웃기도 하고 때로는 울기도 하면서, 어떤 때는 기뻐하고 어떤 때는 슬퍼하기도 한다. 그런데 기뻐하거나 슬퍼하는 기준을 어디에 두는가 하는 것은 삶의 의미에 있어서 매우 중요하다. 때로는 그 기준이 어디에 있는지도 모르고 살아가는 사람들이 주위에 많이 있다. 그러나 사람이 사는 의미를 알건 모르건 공통된 것은 '행복'이란 단어는 하나라는 것이다.

행복의 내용은 사람마다 다르고 그 종류도 다르지만, 행복하기 위하여 애쓰는 것은 틀림이 없다. 이 세상에서 불행하게 살려고 애쓰는 사람은 없다. 모든 사람이 행복을 추구한다. 사람마다 행복을 추구할 권리가 있다. 그렇다고 모든 사람이 다 행복한 것은 아니다.

문제는 내가 잘되고 형통하고 내 마음대로 되었을 때는 웃음이 나오고 감사가 나오고 그것이 행복인 것 같아 보이지만, 막상 환난이나 슬픔을 만날 때는 그 행복이 다 달아나 버린다는 데 문제가 있다. 흔들리지 않는 삶을 살 수 있는 사람이 진정한 행복을 누리는 사람이다.

42. 마음의 골짜기를 메워라

"소망의 하나님이 모든 기쁨과 평강을 믿음 안에서 너희에게 충만하게 하사 성령의 능력으로 소망이 넘치게 하시기를 원하노라"(롬 15:13)

하나님께 가는 축복의 길을 만들려면 우선 심령의 골짜기를 메워야 한다. 사람마다 남이 알지 못하는 부정적인 골이 있다. 이런 부정적인 골짜기가 깊은 사람은 마음에 평화가 없다.

독일 태생의 유명한 조각가인 댄네이커는 2년간의 노력 끝에 예수님의 모습을 조각하였다. 자기 작업실에서 일하는 소녀에게 그 조각품을 보여주면서 '너는 이 조각이 누구의 상인지 알겠니?' 하고 물었다. 소녀는 '어떤 유명한 사람 같아요.'라고 대답하였다.

그 소녀가 예수님의 상을 알아보지 못하자 댄네이커는 자기 작품이 실패작이라고 생각하고 그 작품을 부숴 버렸다. 다시 6년간 기도하는 심정으로 새로운 작품을 완성하였다. 그는 새로 들어온 다른 소녀에게 이 조각품이 누구의 상인지 알겠느냐고 물었다. 한참 말없이 조각품을 들여다보던 소녀의 눈에서 눈물이 흐르고 있었다. 그리고 두 손을 모으더니 "주님, 저도 여기 왔어요."라고 고백하는 것이었다.

그 조각품은 "어린 아이들이 내게 오는 것을 용납하고 금하지 말라" 하시면서 어린 아이들을 맞아주시는 예수님의 모습이었다. 댄네이커가 기도하며 준비할 때 주님의 이 모습이 떠올랐던 것이다. 그가 2년 걸려서 만든 첫 번째 작품은 실패작이었다. 기도가 부족하고 정성이 부족하고 시간이 부족했던 것이다.

그 후 6년간 그는 더 기도하고 더 정성을 기울였다. 그때서야 성공적인 조각품이 완성되었다. 먼저 부족의 골짜기들을 메워야 한다. 기도가 부족하면 더 많이 기도해야 한다. 열심이 부족하면 더욱 열심을 내야 한다. 헌신이 부족하면 시간과 정성과 노력을 더욱 기울여야 한다. 그리고 믿음이 부족하면 더욱더 믿어야 한다. 그때 주님의 길, 은혜의 길, 축복의 길, 성공의 길이 열린다.

사람마다 주님이 아니면 메워 줄 수 없는 깊은 골들이 있다. 마음에 구멍이 뚫린 것처럼 허전하기만 한 골이 있다. 그 골이 메워져야 한다. 절망의 골짜기를 소망으로 메우고 불신의 골짜기를 믿음으로 메울 때 비로소 주님을 맞이할 수 있다. 아무리 사람들로부터 많은 배신을 당했더라도 예수님만은 믿어야 한다. 실패에 실패를 거듭했어도 예수님께 대한 소망과 믿음은 져버리지 말아야 한다. 아무리 상하고 찢겨졌어도 예수님의 사랑과 능력만은 믿어야 한다. 절망과 불신의 골짜기를 주님께 대한 믿음과 소망으로 채울 때 능력과 치유의 길이 열린다.

43. 마음이 새로워져야 한다

"선한 사람은 마음에 쌓은 선에서 선을 내고 악한 자는 그 쌓은 악에서 악을 내나니 이는 마음에 가득한 것을 입으로 말함이니라"(눅 6:45)

작은 마을에 한 집배원이 있었다. 그는 젊었을 때부터 마을 부근의 약 60리 거리를 매일 오가며 우편물을 배달해 왔다. 어느 날 집배원은 마을로 이어진 거리에서 모래먼지가 뿌옇게 이는 것을 보고 문득 이런 생각이 들었다.

'비가 오나 눈이 오나 하루도 빠짐없이 이 길을 오갔는데, 앞으로도 나는 계속 이 아름답지 않은 황폐한 거리를 오가며 남은 인생을 보내겠구나.'

집배원은 정해진 길을 왔다갔다하다가 그대로 인생이 끝나버릴지도 모른다는 절망감을 느낀 것이다. 꽃 한 송이 피어 있지 않은 황폐한 거리를 걸으며 집배원은 깊은 시름에 잠겼다. 그러다 그는 무릎을 탁 치며 혼잣말로 중얼거렸다.

'어차피 나에게 주어진 일이라면 그것이 매일 반복된다고 해서 무엇이 걱정이란 말인가? 그래, 아름다운 마음으로 내 일을 하자! 아름답지 않은 것은 아름답게 만들면 되지 않은가!'

그는 마음을 새롭게 하여 다음날부터 주머니에 들꽃 씨앗을 넣고 다녔다. 그리고 우편배달을 하는 짬짬이 그 꽃씨들을 거리에 뿌렸다. 그 일은 그가 60리의 거리를 오가는 동안 하루도 쉬지 않고 계속되었다. 이렇게 여러 해가 지나자 집배원은 콧노래를 흥얼거리며 우편물을 배달하게 되었다. 그가 걸어 다니는 길 양쪽에 노랑, 빨강, 초록의 꽃들이 다투어 피어났고 그 꽃들이 그의 발걸음을 쫓아다녔기 때문이다.

해마다 이른 봄에는 봄꽃들이 활짝 피어났고 여름에는 여름꽃들이, 가을이면 가을꽃들이 쉬지 않고 피어났다. 그 꽃들을 바라보면서 집배원은 더 이상 자기의 인생이 황망하다고 여기지 않게 되었다. 울긋불긋한 꽃길에서 휘파람을 불며 우편배달을 하는 그의 뒷모습은 한 폭의 수채화처럼 아름다웠다. 마술사가 모자에서 비둘기를 꺼내는 것은 비둘기를 만들어내는 것이 아니다. 어딘가 숨겨져 있는 비둘기를 꺼내는 것이다. 마찬가지로 선한 일은 만들어내는 것이 아니라 내 속에 있는 것이 나오는 것이다.

마태복음 12장 35절에서 예수님께서는 "선한 사람은 그 쌓은 선에서 선한 것을 내고 악한 사람은 그 쌓은 악에서 악한 것을 내느니라"고 말씀하셨다. 그 사람의 마음이 선하게 만들어졌다면 그에게서 선한 것이 나온다. 반대로 그 사람의 마음이 악한 것으로 가득하다면 악한 것이 나온다. 그러므로 먼저는 마음이 새로워져야 한다.

44. 희망과 기쁨은 암세포를 죽이는 명약

"여호와께서 그를 병상에서 붙드시고 그가 누워 있을 때마다 그의 병을 고쳐 주시나이다"(시 41:3)

1982년 미국 보스턴의 한 병원에 숀 버틀러라는 일곱 살 소년이 뇌암에 걸려 회복할 수 없다는 판정을 받고 죽음을 기다리며 침대에 누워 있었다. 어린 숀은 야구광이었다. 특히 숀은 보스턴 레드삭스의 홈런 타자 스테플턴의 열렬한 팬이었다. 어린 아들의 죽음 앞에서 무엇 하나 해 줄 수 없는 나약한 아빠는 마지막으로 아들을 위해 할 수 있는 것이 무엇인지 곰곰이 생각해 보았다. 그래서 숀의 아버지는 어린 아들이 너무나 좋아하는 보스턴 레드삭스의 홈런 타자 스테플턴에게 편지 한 통을 보냈다.

"내 아들은 지금 뇌암으로 죽어가고 있습니다. 당신의 열렬한 팬인 숀이 죽기 전 마지막으로 당신을 한 번 보기를 원합니다."

이 편지를 받은 스테플턴은 숀이 입원해 있는 병원을 방문하였다.

어린 숀은 믿어지지 않는다는 듯 병상에서 눈을 번쩍 뜨고 일어나 야구 영웅을 반갑게 맞이했다.

"숀, 내가 스테플턴이다. 내일 너를 위해 멋진 홈런을 날려 주마. 희망을 버리지 마라."

이튿날 스테플턴은 이 소년과의 약속을 지켜 홈런을 쳤다. 그 소식은 숀에게 그대로 전달되었다. 소년은 병상에서 환호했다. 그런데 그때부터 소년의 병세는 완연한 회복 기미를 보였다. 5개월 후에는 암세포가 말끔히 사라져 퇴원할 수 있었다. 기적 같은 일이 일어난 것이다. 미국 언론들은 "희망과 기쁨은 암세포를 죽이는 명약입니다. 사람에게 가장 무서운 병은 절망이라는 이름의 악성 종양입니다."라고 대서특필하였다.

45. 값으로 환산할 수 없을 만큼 소중하고 귀중한 존재

"그 안에서 너희도 진리의 말씀 곧 너희의 구원의 복음을 듣고 그 안에서 또한 믿어 약속의 성령으로 인치심을 받았으니 이는 우리 기업의 보증이 되사 그 얻으신 것을 속량하시고 그의 영광을 찬송하게 하려 하심이라"(엡 1:13-14)

어떤 미국 사람이 프랑스에 관광을 갔다. 그는 잠시 짬을 내서 프랑스의 수도 파리에 있는 어느 골동품 가게에 들렀다. 이것저것 구경하는 가운데 진열장에 전시되어 있는 진주 목걸이 하나가 그의 눈에 띄었다.

오래되고 낡은 것이라서 이미 색깔은 다 변하였지만, 진주 목걸이에 장식되어 있는 장식품이 그의 눈길을 끌었다. 그래서 얼마냐고 물어보았더니 500달러를 내라고 했다. 그는 좀 비싼 듯했지만 장식품이 마음에 들어서 그것을 샀다. 그는 그것을 가지고 미국으로 돌아왔고, 한동안 자기의 보석상자에 넣어서 그대로 방치해 두었다. 그러다 한번은 현찰이 좀 필요해서 그것을 보석상에 가서 팔아야겠다고 생각했다. 오래된 것이라서 과연 얼마나 값을 쳐줄지 호기심도 생겼다. 그래서 집 근처에 있는 보석상에 가지고 갔더니, 보석상 주인은 그 진주 목걸이를 손 위에 올려놓고 두꺼운 돋보기를 가지고 한참 동안 감정을 했다. 그리고 나서 상기된 표정으로 뜻밖에 이런 말을 했다.

"제가 20,000달러를 드리겠습니다. 제게 파십시오."

그는 깜짝 놀랐다. 500달러를 주고 샀는데 20,000달러를 주겠다는 것이다. 그래서 정신을 좀 가다듬기 위해서 일단 그것을 가지고 집으로 돌아왔다. 그 다음날 그는 그것을 가지고 꽤 알려진 골동품 가게를 찾아갔다. 골동품 가게의 주인 역시 그것을 두꺼운 돋보기로 한참 감정을 했다. 손에서 놓지를 않았다. 자기들끼리 모여서 수군수군 거리더니 드디어 결정이 끝났는지 이렇게 말했다.

"50,000달러를 드리겠습니다. 그러니 이 진주 목걸이를 제게 파십시오."

그는 더욱 놀랐다. 그래서 그는 솔직하게 골동품 가게 주인에게 물었다.

"아니, 색깔이 다 변한 진주 목걸이인데 왜 그렇게 값이 많이 나갑니까?"

그러자 골동품 가게 주인은 의외라는 듯이 이렇게 말했다.

"아니, 아직도 모르고 계셨습니까?"

그러면서 가지고 있던 돋보기를 진주 목걸이에 들이대면서 자세히 쳐다보라고 했다. 그랬더니 거기에 깨알같이 작은 글씨로 이렇게 적혀 있었다.

"사랑하는 조세핀에게. 황제 나폴레옹으로부터."

그리고 오른편에는 나폴레옹 황제의 친필사인이 들어있었다. 그러면서 가게 주인은 이렇게 말했다.

"이 진주 목걸이의 자체만으로는 불과 몇 십 불에 지나지 않습니다. 그러나 여기에 적혀 있는 글씨와 친필사인 때문에 그렇게 값이 많이 나가는 것입니다."

그러니까 보석의 가격보다는 거기에 적혀 있던 글의 가격이 훨씬 더 비쌌던 것이다. 고린도후서 3장 3절에서 사도 바울은 우리를 가리켜 이렇게 표현하고 있다.

"너희는 우리로 말미암아 나타난 그리스도의 편지니"

우리 한 사람 한 사람은 예수 그리스도께서 친필로 쓰신 편지라는 것이다. 그리고 에베소서 1장 13절에서 바울은 우리를 가리켜 "성령으로 인치심을 받은 자"라고 했다. '인(印)'이란 '봉인, 도장, 인장'의 뜻을 가진 말로, 문서의 진실성을 보존하거나 자기의 소유권을 표시할 때 인을 친다. 따라서 '성령으로 인치심'이란 하나님께서 성령으로 우리를 그의 소유로 표시하신 것을 가리킨다. 유대인은 할례로써 선민의 표식을 삼았고, 이방인들은 자신이 믿는 종교의 기호를 몸에 표지하였다. 그러나 그리스도인들은 눈에 보이는 육신이 아닌, 보이지 않는 마음에 성령으로 하나님의 소유가 된 표지를 받았다. 그러므로 우리 믿음의 성도들에게는 너는 내 것이라 인치신 하나님의 사인이 들어있다. 그래서 사도 바울은 우리를 그리스도의 편지요, 성령으로 인치심을 받은 자라고 표현하고 있다.

우리는 값으로 환산할 수 없을 만큼 엄청나게 소중하고 귀중한 존재이다. 우리는 아무렇게나 살 수가 없다. 값진 삶을 살아야 한다. 아무 곳에나 갈 수가 없다. 마땅히 있어야 할 자리에 있어야 한다. 한번 생각해 보라! 아무리 진주 목걸이에 황제 나폴레옹의 사인이 있다 할지라도, 그것이 고물상에 있으면 불과 500불짜리밖에 안 되는 것이다. 그러나 마땅히 있어야 할 자리에 있으니 엄청난 진가를 발휘하지 않는가?

46. 외모로 판단하지 말라

"여호와께서 사무엘에게 이르시되 그의 용모와 키를 보지 말라 내가 이미 그를 버렸노라 내가 보는 것은 사람과 같지 아니하니 사람은 외모를 보거니와 나 여호와는 중심을 보느니라 하시더라"(삼상 16:7)

한 회사에서 생산하는 제품이 대박이 났다. 여기저기서 구매요청이 끊이지 않아 사장님까지 작업복을 입고 밤낮없이 공장을 돌렸지만 도저히 요청물량을 맞출 수 없는 지경이었다.

결국, 함께 제품을 생산해 줄 협력업체를 찾아야 했고 너무 바빴던 사장은 작업복도 갈아입지 못하고 협력업체들을 찾아다녀야 했다. 그런데 처음 찾아간 협력업체는 정문 통과조차 못했다. 지저분한 작업복 차림의 사장을 수상하게 생각하여 아예 들여보내 주지도 않은 것이다.

두 번째 찾아간 협력업체에서는 건물 안까지는 들어갔지만 옷차림을 본 직원이 담당자가 자리를 비웠다고 말하며 다음에 다시 오라면서 내보냈다. 그런데 세 번째 찾아간 업체에서는 경비원은 물론 담당 직원도 친절하게 웃는 얼굴로 사장을 맞이했다. 그렇게 찾아간 업체의 사장실은 매우 검소했고, 사장 역시 친절하고 진지한 태도로 이쪽의 협력요청사항을 살폈다.

결국, 세 번째 업체와 업무협약을 체결했다. 덕분에 예상보다 더 많은 제품을 수출할 수 있었고, 두 회사는 이후 더욱 발전하게 되었다. 값진 보석은 흙탕물 속에 빠져 있어도 가치를 잃지 않는다. 하지만 흙탕물 속에 빠진 보석을 건지려면 고개를 숙여야 하고, 더러운 물에 손을 담글 수도 있어야 한다. 겉모습만으로는 그 가치를 몰라볼 수 있다. 겸손한 마음으로 내면을 살필 수 있어야 가치를 알아볼 수 있는 법이다.

47. 권효가(勸孝歌)

"자녀들아 주 안에서 너희 부모에게 순종하라 이것이 옳으니라 네 아버지와 어머니를 공경하라 이것은 약속이 있는 첫 계명이니 이로써 네가 잘되고 땅에서 장수하리라"(엡 6:1-3)

'권효가'(勸孝歌)라는 노래가 있다. 조선 말기 한 부녀자가 지은 규방가사라고 하는데, 작자 연대 미상의 노래이다. 원래 한문으로 된 것인데, 현대적으로 해석된 것을 소개한다.

>   부생모육(父生母育)
>   그 은혜는 하늘같이 높건마는
>   청춘남녀 많은데도 효자효부 없는지라
>   출가하는 새아씨는 시부모를 싫어하고
>   결혼하는 아들네는 살림나기 바쁘도다
>   제자식이 장난치면 싱글벙글 웃으면서
>   부모님이 훈계하면 듣기싫어 외면하고
>   시끄러운 아이소리 듣기좋아 즐겨하며
>   부모님이 두말하면 잔소리라 관심없다
>   자녀들의 오줌똥은 손으로도 주무르나
>   부모님이 흘린 침은 더럽다고 멀리하고
>   과자봉지 들고 와서 아이 손에 쥐어주나
>   부모 위해 고기 한 근 사올 줄을 모르도다

개 병들어 쓰러지면 가축병원 달려가나
늙은 부모 쓰러지면 노환이라 생각하네
열 자식을 키운 부모 한결같이 키웠건만
열 자식은 한 부모를 귀찮다고 싫어하네
자식 위해 쓰는 돈은 한도 없이 쓰건만은
부모 위해 쓰는 돈은 한푼조차 아까우네
자식들을 데리고는 외식함도 자주하나
늙은 부모 모시고는 외식 한번 힘들구나
살아생전 불효하고 죽고나면 효심날까
예문 갖춰 부고 내고 조문받고 부조받네
그대 몸이 소중커든 부모은덕 생각하고
서방님이 소중커든 시부모를 존중하라
가신 후에 후회말고 살아생전 효도하면
하늘에서 복을 주고 자녀에게 효를 받네

참으로 '권효가'라는 노래 가사를 듣고 보면 스스로 가슴이 메어 통곡하는 울음이 나온다. 살아생전 불효한 자식의 마음은 이루 말할 수 없는 아픈 상처가 된다. 살아생전 효도하는 믿음의 자녀가 되어야 한다. 다시금 우리의 신앙을 돌아보고 부모 공경의 마음을 가다 듬어야 한다. 하나님을 경외하는 신앙에서 우러나온 부모 공경이 진짜이다. 그래서 부모님을 기쁘게 해 드리고, 하나님께 영광을 돌려야 한다. 그러면 하나님께서 지극 정성 효도한 그 상급으로 우리의 미래를 책임져 주실 것이다. 하나님은 우리를 사랑하시되 끝까지 사랑하신다. 우리들도 그 사랑을 받았으니 끝까지 부모님을 공경하는 자녀들이 되어야 한다.

48. 순장과 고려장

"너는 네 하나님 여호와께서 명령한 대로 네 부모를 공경하라 그리하면 네 하나님 여호와가 네게 준 땅에서 네 생명이 길고 복을 누리리라"(신 5:16)

고구려 시대 우리나라에 아주 흉악한 풍습이 있었다. 아주 나쁜 문화이다. 순장과 고려장이라는 장례법이다. 순장은 임금님이 죽었을 때 외로우시다고 살아있는 처녀를 둘씩 양쪽에 묻는 것이다.

삼국사기에는 "서기 248년 고구려 동천왕이 죽었을 때에 나라 사람들이 왕의 죽음을 슬퍼하였고, 가까이 모시던 신하들 중에는 왕을 따라 죽어 함께 묻히려는 자가 많았다. 중천왕(동천왕의 아들)이 이를 금지하였다고 전해 내려오고 있다. 하지만 장사하는 날에는 무덤에 와서 스스로 죽는 자가 많았다."는 기록이 있다.

여기서 고구려 사람들이 자발적으로 순장을 선택한 것은 몇 가지 이유 때문일 것이다. 당시 고구려 사람들은 죽음이란 현실의 끝이 아니라 죽음 이후의 삶과 연결되어 있다고 믿었다. 따라서 죽음

이후에 임금을 가까이에서 모시는 삶에 대한 기대가 있었을 것이다. 또한 카리스마를 가진 지도자의 죽음은 추종자에게 있어서 영웅을 상실한 위기로 작용했다.

이에 따라 죽음까지 함께하고자 하는 경우도 있었을 것이다. 물론 존경심이나 애정 때문에 함께 죽고자 했을 수도 있다. 그러나 나의 견해는 이와 같다. 죽음이라는 현실 이후 사후 세계의 존재에 대한 기대와 희망이 있었다는 것이다. 어쨌든 지금 우리로서는 이해할 수 없는 장례법인 것은 틀림이 없다.

신라의 경우에는 6세기로 접어들면서 불교를 공인하고, 그와 함께 지증왕 때 순장을 금지시켰다. 고려장은 늙었는데 안 죽으니까 미리 갖다가 죽이는 것으로, 부모를 산에 갖다 버리는 것을 말한다. 요즘은 현대식 고려장이라고 하여 멀리 외국에 효도관광여행 시켜드린다고 모시고 갔다가 그곳에 그냥 두고 오는 풍습이 생겼다고 한다. 그럼 언제부터 고려장이 없어졌느냐? 두 가지 전설이 있다. 하나는 지게 전설이다. 아들이 노모를 갖다 버리려고 지게로 져서 깊은 산속에 버렸는데, 지게까지 버리니까 그 아들의 아들이 지게를 걸머지고 오는 것이다.

"야! 너 왜 그것을 가지고 오느냐? 그것 버리고 와야 돼!"라고 하자 "아버지 늙으면 이 지게로 갖다가 버릴 건데요?"라고 했다는 전설이다.

또 하나는 등에 업혀가는 노모가 험한 산으로 들어가는데 언제 준비했는지 흰 댕기를 길에다 뿌렸다.

"어머니, 그게 뭡니까?"

"날이 어두워져 이 깊은 산속에서 네가 길을 잃으면 이 흰 댕기를 보고 집까지 찾아가게 하려고 그런단다."

노모를 업고 가던 아들은 어머니의 그 사랑에 감동하여 눈물을 흘리며 다시 노모를 모시고 집으로 돌아왔다. 그 후로 고려장이 없어졌다고 한다. 화살같이 빠른 세월이다. 부디 부모님을 공경하여 후대(後代)에 귀감(龜鑑)이 되도록 하자.

49. 어머니의 사랑은 희생적인 사랑이다

"자녀들아 주 안에서 너희 부모에게 순종하라 이것이 옳으니라"(엡 6:1)

눈이 수북이 쌓이도록 내린 어느 겨울날, 강원도 깊은 골짜기를 두 사람이 찾았다. 나이가 지긋한 한 사람은 미국 사람이었고, 젊은 청년은 한국 사람이었다. 눈 속을 빠져나가며 한참 골짜기를 더듬어 들어간 두 사람이 마침내 한 무덤 앞에 섰다.

"이곳이 네 어머니가 묻힌 곳이란다."

나이 많은 미국인이 청년에게 말했다. 그러면서 지난날을 회상하였다. 6.25 전쟁 시에 한 미군 병사가 강원도 깊은 골짜기로 후퇴를 하고 있을 때 무슨 이상한 소리가 들려왔다. 가만히 들어보니 아이 울음소리였다. 울음소리를 따라가 봤더니 그것은 눈구덩이 속에서 들려오고 있었다. 아이를 꺼내기 위해 눈을 치우던 미군 병사는 흰 눈 속에서 아이를 감싸고 있던 알몸의 어머니를 보고 소스라치게 놀랐다.

　피난을 가던 어머니가 깊은 골짜기에 갇히게 되자, 아이를 살리기 위해 자기가 입고 있던 옷을 모두 벗어 아이를 감싸곤 허리를 구부려 아이를 끌어안은 채 얼어 죽고 만 것이었다. 그 모습에 감동한 미군 병사는 언 땅을 파 어머니를 묻고, 어머니 품에서 울어대던 갓난아이를 데리고 가 자신의 아들로 키웠다. 이제 아이가 자라 청년이 되자 지난날 있었던 일들을 다 이야기하였다. 그때 언 땅에 묻었던 청년의 어머니 산소를 찾아온 것이었다.

　이야기를 들은 청년이 눈이 수북이 쌓인 무덤 앞에 무릎을 꿇었다. 뜨거운 눈물이 볼을 타고 흘러내려 무릎 아래 눈을 녹이기 시작했다. 한참 만에 청년은 자리에서 일어났다. 그러더니 입고 있던 옷을 하나씩 벗기 시작했다. 마침내 그는 알몸이 되었다. 청년은 무덤 위에 쌓인 눈을 두 손으로 정성스레 모두 치워냈다. 그런 뒤 청년은 자기가 벗은 옷으로 무덤을 덮어가기 시작했다. 마치 어머니께 옷을 입혀 드리듯 청년은 어머니의 무덤을 모두 자기 옷으로 덮었다. 그리고는 무덤 위에 쓰러져 통곡을 했다.

　"어머니, 그날 얼마나 추우셨어요!"
　어머니의 사랑은 희생적인 사랑이다. 죽을 때까지 변함이 없다.

50. 사랑을 베푼 자는 그만한 사랑을 받는다

"주라 그리하면 너희에게 줄 것이니 곧 후히 되어 누르고 흔들어 넘치도록 하여 너희에게 안겨 주리라 너희가 헤아리는 그 헤아림으로 너희도 헤아림을 도로 받을 것이니라"(눅 6:38)

제임스 레이니(James T. Laney)는 주한 미국 대사를 지냈다. 그는 학자요, 목사요, 정치가였다. 한국 대사 일을 마치고 귀국하여 에모리 대학 교수로 일하게 되었다. 그는 건강을 위해 운동 삼아 30분 정도 되는 학교를 늘 걸어서 갔다. 학교를 가는 길에 집 앞에 연세 많은 노인이 쓸쓸히 혼자 앉아 있었다. 레이니 교수는 왠지 그 노인에게 인사를 하고 싶었다. 레이니 교수는 따뜻하게 인사를 건넸다. 노인도 반갑게 인사를 받았다. 레이니 교수는 노인에게 위로의 말을 하기도 하였다. 노인의 집 앞 마당에 잔디가 수북하게 자라면 레이니 교수는 노인과 같이 깎기도 했다. 함께 커피도 마셨다. 그렇게 2년을 오가며 교제했다. 그런데 하루는 노인이 보이지 않았다. 레이니 교수는 궁금했다. 알아보니 그 노인이 돌아가셨다는 것이었다. 그는 노인에게 조의를 표하려고 장례식장을 가 보았다.

그는 코카콜라 회사의 전 회장이었다. 세계적인 회사의 회장이었는데 레이니는 2년간 그가 누군지 몰랐다. 그런데 그 노인은 이름도 모른 채 지난 3년간 자기 집 앞을 지나며 자기에게 말벗이 되어주고, 친구가 되어주고, 커피를 나누어 마셨던 사람 레이니에게 25억불과 그가 가지고 있는 코카콜라 주식 5%를 유산으로 주라는 유서를 남겼다. 레이니는 갑자기 거부가 되었다. 사랑을 베푼 자는 그만한 사랑을 받는다. 봉사한 사람은 그만한 복을 받는다.

레이니는 세 가지로 놀랐다. 그렇게 큰 부자가 검소하게 시골에서 사는 것과 자신이 코카콜라 회사 전 회장이라고 밝히지 않은 것, 그리고 그렇게 큰 돈을 지나가는 자에게 준 것이다.

레이니 교수는 갑자기 큰돈을 받고 보니 얼떨떨하기도 하고 기쁘기도 하고 두렵기도 하였다. 돈을 어떻게 쓸까 궁리하다가 그는 우선 그 돈을 자기와 가족에게 쓰지 않기로 했다. 그는 가족과 의논하여 자기가 지금 교수로 봉직하고 있는 에모리 대학에 발전기금으로 기부하기로 했다. 그래서 2000년 3월 그는 모든 돈을 에모리 대학에 기부를 했다. 이번에는 큰돈을 기부 받은 에모리 대학이 깜짝 놀랐다. 지금까지 이렇게 큰돈을 기부 받아본 일이 없기 때문이다. 학교, 교수, 학생, 이사회가 모두 기뻐하며 깜짝 놀랐다.

엄청나게 큰돈을 기부 받은 에모리 대학 측은 학교를 사랑하고 후학들을 사랑해서 아낌없이 큰돈을 학교발전기금으로 기부한 레이니 교수이자 목사를 대학 총장으로 모시기로 결의하였다.

그래서 제임스 레이니 전 주한 미국 대사는 에모리 대학(Emory University) 총장으로 16년간 봉직하였다. 사랑을 베푼 자는 그만한 사랑을 받는다. 사랑으로 봉사한 사람은 그만한 복을 받는다. 헌신한 사람은 그만한 명예를 얻는다.

51. 부부

"나를 사랑하는 자들이 나의 사랑을 입으며 나를 간절히 찾는 자가 나를 만날 것이니라"(잠 8:17)

우리나라에서는 부부가 서로를 부를 때 대부분 '여보' 또는 '당신'이라는 말을 사용한다. 갓 결혼한 사람들은 어색해서 부르기 힘들어하는 말이기도 하다. 그리고 많은 부부들은 그저 습관적으로 사용하는 호칭이기도 하다. 그런데 그 뜻을 자세히 새겨보면 너무도 좋은 말이다. '여보'라는 말은 같을 '如'(여)와 보배 '寶'(보)를 쓴다. 그러니까 이 말은 '보배 같은 사람'이라는 뜻이다. 부부가 서로에게 '여보'라고 부를 때 당신은 내게 '보배 같은 사람'이라는 뜻으로 부르는 것이다. 그리고 당신이라는 말은 당할 '當'(당)과 몸 '身'(신)을 쓴다. 그러니까 이 말은 '당신은 내 몸'이라는 뜻이다. 부부가 서로에게 '당신'이라고 부를 때 '내 몸과 같은 사람'이라는 뜻으로 부르는 것이다.

부부가 행복한 관계를 이루는 비결이 여기에 있다. 남편이 아내를 '여보!' 즉, '내게 보배 같은 사람'이라고 존중하여 부른다. 아내는 '당신' 즉, '내 몸과 같은 사람'이라고 존중하여 답한다. 이렇게 피차가 존중하여 대할 때 행복한 부부관계를 이룰 수 있는 것이다. 하나님과 우리와의 관계도 마찬가지이다. 우리가 하나님을 존중해 드리면 하나님께서도 우리를 존중해 주신다. 그래서 하나님과 우리 사이가 정말 가까운 사이, 서로 사랑하는 사이가 되는 것이다.

52. 가정에 꼭 있어야 할 것과 없어야 할 10가지

"그런즉 믿음, 소망, 사랑, 이 세 가지는 항상 있을 것인데 그 중의 제일은 사랑이라"(고전 13:13)

"여호와 하나님이 아담에게서 취하신 그 갈빗대로 여자를 만드시고 그를 아담에게로 이끌어 오시니 아담이 가로되 이는 내 뼈 중의 뼈요 살 중의 살이라 이것을 남자에게서 취하였은즉 여자라 칭하리라 하니라"(창 2:22-23)

직장 상사에게 꾸중을 들어 마음이 불편한 새신랑이 있었다. 퇴근한 신랑이 밥상을 받아 첫 숟갈을 뜨는데 그만 돌을 씹고 말았다. 신랑은 버럭 소리를 질렀다.

"도대체 정신을 어디에다 둔거야! 밥도 제대로 못하나?"

인내심이 부족한 신부가 맞불작전으로 받아넘겼다.

"남자가 쫀쫀하게 그깟 일로 화를 내요?"

연이어 신랑은 고함을 쳤다.

"잘못했으면 사과를 해야지, 웬 말대꾸야?"

입을 삐죽이면서 신부도 "밴댕이 소갈머리 같은 사람…."이라고 대꾸하였다. 아내의 말대꾸에 화가 난 신랑이 그만 신부의 뺨을 때렸다. 보따리를 챙기며 화를 삭이지 못한 신부는 "우린 완전히 실패한 결혼이야. 맞고는 못살지."라고 했다. 결국 이 신혼부부는 이혼하고 말았다.

모래알만한 돌 하나가 두 사람을 갈라놓은 것이다. 남편이 조금만 더 인내하고 아내가 조금만 더 지혜로웠다면 불행은 없었을 것이다. 만약 남편이 밥 속의 돌을 보고 "돌이 약간 덜 익었군."이라고 재치를 발휘했다면 아내는 더욱 미안한 생각이 들었을 것이다.

부부란 따뜻한 대화로 서로를 위로하기로 다짐한 사이다. 남편에게 매 맞는 여성의 원인으로 50%가 '말대꾸'를 꼽는다. 멋진 남편은 아내에게 힘을 주고 지혜로운 아내는 말을 아낀다.

[가정에 꼭 있어야 할 10가지]

① 용서
가정에서도 용서해 주지 않는다면 그 사람은 지구상에서 용서받을 곳이 없게 된다.

② 이해
가정에서도 이해해 주지 않는다면 그 사람은 짐승들과 살 수밖에 없다.

③ 대화
가정에서 말동무를 찾지 못하면 전화방으로 갈 수밖에 없다.

④ 골방

혼자만의 공간(책방, 기도방 등)이 많을수록 인품이 유순해진다.

⑤ 안식

피곤에 지친 몸을 편히 쉬게 할 수 있는 환경이 가정에 없으면 밖으로 나간다.

⑥ 인정

가정에서 인정 못받은 사람은 바깥에서도 인정받지 못하게 된다.

⑦ 유머

유머는 가족 간의 정감을 넘치게 하는 윤활유 역할을 한다.

⑧ 어른

연장자가 아니라 언행에 모범을 보이는 어른이 계셔야 한다.

⑨ 사랑

잘못은 꾸짖고 잘한 것은 칭찬해 주는 양면성의 사랑이 있어야 한다.

⑩ 희망

앞으로 더 잘 될 것이라는 희망이 보이면 가정의 가치는 더욱더 높아진다.

[가정에 없어야 할 10가지]

① 비난

가족 간의 비난은 난파선의 밑창을 뚫는 것과 같다.

② 욕설

가정에서의 욕설은 밥에 흙을 뿌리는 것과 같다.

③ 원망

가족 간의 원망은 잘 끓인 국에다 찬물을 붓는 것과 같다.

④ 속임

가족들 간에 속임수를 쓰는 것은 자라는 나무의 뿌리를 자르는 것과 같다.

⑤ 폭력

가족들 간의 폭력은 윗물을 흐리게 하는 것과 같다.

⑥ 고집

지나친 고집은 자신의 무덤을 스스로 파는 것과 같다.

⑦ 비밀

가족 간의 비밀은 가정을 파괴시키는 시한폭탄과도 같다.

⑧ 시기

가족 간의 시기는 야간에 등을 켜지 않고 달리는 자동차와 같다.

⑨ 편견

가족 구성원에 대한 편견은 도끼로 나무를 찍는 것과 같다.

⑩ 계산

가족 간의 계산은 도배지에다 물을 붓는 것과 같다.

53. 만남이 인생을 좌우한다

"그러므로 내가 너희에게 알리노니 하나님의 영으로 말하는 자는 누구든지 예수를 저주할 자라 하지 아니하고 또 성령으로 아니하고는 누구든지 예수를 주시라 할 수 없느니라"(고전 12:3)

연세대학교 중앙도서관 앞에 한 동상이 있다. 연세대학교의 정신적 지주인 백낙준 박사의 동상이다. 그런데 이 백낙준 박사는 그의 아버지에 관한 일화로 유명하기도 하다. 그의 아버지 백사경 씨는 시각 장애인으로 점쟁이였다. 그런데 그가 점 잘 보기로 유명하여 돈을 많이 벌게 되자, 아들 백낙준과 아내를 버리고 다른 여자를 첩으로 두어 따로 살게 되었다.

그러던 어느 날, 전도자가 나타나서 백사경 씨에게 "당신의 영혼과 후손들의 장래를 생각해서 점치는 생활을 청산하고 예수를 믿으시오."라고 전도했다. 그러나 백씨는 전도자에게 큰 소리로 야단을 치며 거부했다. 그러자 전도자도 지지 않고 "당신이 계속 이렇게 살면 죽어서 지옥 가는 것은 물론이고, 자손들도 망할 것이오."라고 말하며 예수님을 믿어야 한다고 권유했다.

그런데 이 일이 있은 후부터 백씨는 밤이면 잠을 자지 못했다. 잠만 자려고 하면 그 전도자의 소리가 자꾸 귀에 쟁쟁하게 울리는 것이다.

"자식 멸망 받을 짓 그만두고 예수 믿고 천당 가시오."

그 소리가 밤마다 들려와 견딜 수가 없었다. 그는 결국 교회로 찾아갔다. 목사님과 온 교우들은 점쟁이 백사경 씨가 교회를 나오게 된 이유를 알지 못했다. 그러나 교회에 나온 그날 점쟁이 백사경 씨는 회개하고 예수 믿기로 작정했다.

그 후 백씨는 점치는 일을 그만두고 모든 재산을 털어 교회를 짓고, 나중에는 가난하게 살았다. 그런데 그 소식을 들은 맥힌이라는 선교사가 백씨의 가족들을 교회에서 사찰로 봉사하게 했다. 그리고 아들인 백낙준 씨에게 영어를 가르치고 영창 중학교에 입학시켜 공부를 하게 했다. 졸업 후 맥힌 선교사는 그를 중국으로 데리고 가서 신성 고등학교에서 학교를 마치게 하였고, 나중에는 미국으로 유학을 보내 유명한 파크 대학과 프린스턴 대학, 그리고 예일 대학에서 공부하여 철학박사 학위까지 받게 하였다. 그는 귀국하여 연세대학교 교수와 초대 총장이 되었으며, 문교부 장관까지 지냈다.

어린 백낙준의 저주받은 인생을 축복된 인생으로 바꾸어 주신 주님이시라면 우리의 인생도 바꾸실 수 있다. 사울의 삶의 현장에 찾아오신 예수님은 오늘 우리의 삶의 현장에도 동일하게 찾아오신다. 사울을 바울로 바꾸어 주신 주님께서 못 바꾸실 인생은 없다.

혹 부모를 잘못 만나 고생하고 있을지라도, 찢어지게 가난한 집안 사정 때문에 고민하고 있을지라도, 배우자를 잘못 만났다고 생각할지라도, 선생님과 친구를 잘못 만나 어려움을 당하고 있을지라도 괜찮다. 예수님을 만나면 된다. 세상의 그 어떠한 만남보다도 예수 그리스도를 만나는 것이 축복이다.

그 누구보다도 예수님을 만나야 한다. 예수님을 만나면 불행한 삶이 행복한 삶으로, 가난한 삶이 부요한 삶으로, 저주받은 삶이 축복받은 삶으로 바뀌게 된다. 그러므로 아직까지 예수님을 인격적으로 만나지 못했다면 예수님을 인격적으로 만나야 한다. 이미 예수님을 만났다면 성령님을 인정하고 환영하고 모셔들이고 의지함으로 말미암아 보혜사 성령님의 역사하심을 날마다 경험하며 살아야 한다.

54. 침묵할 때와 말할 때

"입과 혀를 지키는 자는 자기의 영혼을 환난에서 보전하느니라"(잠 21:23)

우리는 쉴 새 없이 수많은 말을 하고 산다. 그러나 그 말들이 모두 유익한 것만은 아니다. 때로는 말을 많이 해서 문제가 되고 어떤 경우는 말을 하지 않아서 문제가 된다. 우리는 침묵할 때와 말할 때를 가릴 줄 알아야 한다.

타우라스 산의 정상 후미진 골짜기는 독수리들이 많이 서식하고 있는 곳으로 알려져 있다. 그런데 그 독수리들에게는 두루미가 가장 좋은 먹잇감이 된다.

두루미는 떠들기를 아주 좋아하는 새로서, 특히 날아다닐 때 큰 소리를 낸다. 이러한 소리는 곧잘 독수리에게 좋은 신호가 되어 여행 중 소란스럽게 떠들어대는 몇몇 놈들은 독수리의 밥이 되고 만다. 그래서 나이 많고 경험이 풍부한 두루미들은 그들의 약점을 드러내지 않기 위해, 여행 전이면 항상 그들의 입에 가득 찰 정도의 돌을 집어문다. 이들은 불가피하게 침묵을 유지함으로써 위험에서 벗어나곤 하는 것이다.

말이 많으면 실수가 많을 수밖에 없다. 더구나 말을 많이 하다 보면 내면의 생각들이 드러나게 되고, 이로 인해 낭패를 당하기도 한다. 즉, 지식과 실력의 정도, 인격과 성품, 됨됨이가 여실히 드러나는 것이다. 그러나 입을 꼭 다물고 침묵하는 사람의 속에는 무엇이 들어있는지, 어떤 사람인지 알 수가 없다. 침묵이 필요했던 다윗은 시편 141편 3절에서 "여호와여 내 입에 파수꾼을 세우시고 내 입술의 문을 지키소서"라고 기도했다.

어떤 부인이 수심에 가득 찬 얼굴로 정신과 의사를 찾아갔다.
"더 이상 남편과 같이 살기 힘들 것 같아요. 저의 남편은 너무 신경질적이고 자기가 하고 싶은 대로만 하고 사는 사람입니다."
의사는 생각에 잠겼다가 말을 했다.
"병원 옆에 신비의 작은 샘이 있습니다. 그 샘물을 담아 집으로 가져가서 남편이 집에 돌아오시면 얼른 한 모금 드십시오. 절대 삼키시면 안 됩니다."
부인은 의사의 말대로 물을 떠서 집으로 돌아왔다. 밤늦게 돌아온 남편은 불평과 불만을 털어놓았다. 예전 같으면 또 싸웠을 텐데 그날은 신비의 물을 입안 가득히 물고 있었기 때문에 입을 꼭 다물고 있을 수밖에 없었다.
그 후 그 부인은 언제나 남편 앞에서 신비의 물을 입에 머금었고 남편은 눈에 띄게 변해 갔다. 부인은 남편의 변화에 너무 기뻐 의사를 찾아가 "감사합니다. 신비의 샘물이 정말 효능이 좋더군요. 남편이 싹 달라졌어요."라고 말하자 의사는 웃으며 말했다.
"남편에게 기적을 일으킨 것은 물이 아닙니다. 당신의 침묵입니다."
침묵과 이해는 사람을 변화시킨다. 입을 열어 다툼을 만드느니 차라리 입을 닫는 것이 좋을 때가 있다. 말 때문에 싸움의 불길을 키우느니 차라리 침묵하는 것이 좋을 때가 있다. 침묵은 때로 끊길 뻔했던 다른 사람과의 관계를 이어주기도 하고, 그 사람과의 과거, 현재, 미래를 다시 연결해 준다.

서양 경구 중에도 '웅변은 은(銀), 침묵은 금(金)'이라는 말이 있는 것을 보면 인간의 가장 깊은 감정은 대개 말이 아닌 침묵 속에 자리하고 있음을 알게 된다. 그렇게 볼 때, 시기적절한 침묵은 우리가 살아가면서 반드시 요구되어지는 덕목이다. 때와 장소에 맞게 침묵할 수 있는 사람은 금과 같이 빛나고 돋보일 수 있다. 우리는 침묵의 가치를 알고 침묵을 배워야 한다.

하나님은 때때로 혼잡한 소음 중에서도 만나주시지만 대개 조용한 장소에서 만나주시고 말씀을 들려주신다. 그러므로 우리는 고독과 잠잠한 침묵의 시간을 가져야 한다. 침묵 훈련은 우리 자신의 인격과 영성을 성장시킨다. 침묵해야 할 때가 있는 반면에 입을 열어 용기 있게 말해야 할 때가 있다. 그 때는 언제일까? 악한 일과 불의한 일이 벌어질 때이다. 그때는 침묵하지 말아야 한다. 악한 일에 대한 침묵은 승낙을 의미한다. 우리는 죄악을 깨우치고, 경고해야 한다. 그것이 에스겔이 말하는 파수꾼의 사명이다(겔 3:17- 20, 33:7-11).

말이라고 다 말이 아니다. 우리는 말을 하되 지혜로운 말, 다른 사람에게 용기를 주고 위로하고 칭찬하는 말, 하나님을 찬송하고 감사하며 영광 돌리는 말, 선한 말, 경우에 합당한 말을 해야 한다.

잠언 25장 11절에는 "경우에 합당한 말은 아로새긴 은쟁반에 금사과니라"라고 했다. 침묵할 때와 말할 때를 가릴 줄 아는 사람이 지혜로운 사람이다.

55. 다시 돌아오지 않는 것

"그러므로 모든 육체는 풀과 같고 그 모든 영광은 풀의 꽃과 같으니 풀은 마르고 꽃은 떨어지되"(벧전 1:24)

예부터 세상에는 다시 돌아오지 않는 게 세 가지가 있다고 말한다. 첫째는 입 밖으로 나간 말이다. 둘째는 한 번 쏘아버린 화살이다. 셋째는 흘러간 세월이라는 것이다. 그렇다. 입 밖으로 나간 말은 다시 돌아오지 않는다. 한 번 해 버리면 다시 담을 수가 없기 때문이다. 실수로 뱉은 말 한 마디 때문에 낭패를 당하는 사람들이 의외로 많은 것을 우리 주변에서 얼마든지 볼 수가 있다.

오늘 우리 사회는 시기 질투의 말, 낙심과 절망의 언어, 실망과 좌절의 한숨, 비판과 저주의 태풍이 회오리치고 있다. 그리하여 싸움과 불목, 반목과 분쟁, 혼란과 무질서의 아우성으로 온 세상이 그야말로 말들의 성찬이 되어가고 있는 듯하다.

고대 히브리어 중에 "아브라카다브라(Abracadabra)"라는 말이 있다. '말한 대로 이루어진다'라는 말이다. 할 수 있다, 해보자, 하면 된다는 등 적극적인 말을 하는 사람은 안 될 일도 되고, 반면에 해서 뭘 해, 하나마나야, 난 못해 라고 부정적인 말을 하는 사람은 될 일도 안 되는 것이 진리이다.

성경에도 하나님께서는 "여호와께서는 그가 입으로 말한 대로 다 이행할 것이니라"(민30:2)라고 말씀으로 약속하셨다.

그러므로 이제부터는 긍정적인 말, 남에게 용기를 주는 말, 믿음의 말, 꿈과 희망 즉, 소망이 담긴 말, 사랑의 말, 축복하는 말을 할 뿐만 아니라 사람을 살리는 말로 아름다운 꽃을 피우고 소담스런 행복의 열매를 맺어야 하겠다. 그리고 쏘아 버린 화살은 다시 돌아오지 않는다. 시위를 떠난 화살은 거둘 수가 없다. 활의 시위를 당기기 전에 결정을 해야 한다. 오늘날 많은 사람들이 활시위를 당긴 후에 후회를 한다. 어쩌자고 일시적인 분을 참지 못하고 사랑하는 가족을 그렇게도 쉽게 해친다는 말이며, 잠시의 유혹을 이기지 못하고 성폭행을 하거나 강력 범죄를 저질러 일생을 망친단 말인가?

참을 인(忍)자가 셋이면 살인도 면한다는 말이 있는데 잠시의 분노나 욕정을 참지 못하여 일생을 망치고 후회의 삶을 사는 사람들이 얼마나 많은지 모른다.

요즘 한창 회자(回刺)되고 있는 모 항공회사 전 부사장의 앞뒤 고려 없는 몰지각한 행동이 얼마나 큰 파동을 몰고 왔으며, 본인은 물론 가정과 회사 그리고 이 사회에 얼마나 악영향을 끼쳤는가 말이다. 절벽에서 뛰어내리기 전에 한 번 더 생각해야 한다. 절벽을 뛰어내리고 난 후에는 제2의 기회가 주어지지 않기 때문이다.

마지막으로 흘러간 세월 또한 다시 돌아올 수 없다. 옛말에 "흘러간 물로는 물레방아를 돌릴 수 없다"라는 말이 있다. 그러나 흘러간 세월은 붙잡을 수 있는 길이 있다. 반성이라는 법정에 서서 지난 세월 동안 무엇을 잃었으며 또한 무엇을 얻었는가 하는 물음을 하는 것이다.

그리하여 얻은 것에 감사하고 잃은 것을 반성할 때 세월은 흘러만 간 것이 아니라 붙잡아둔 것이 된다.

성경을 보면 "세월을 아끼라 때가 악하니라"(엡 5:16)라는 말씀이 있다. 여기서 세월을 아끼라는 말은 "세월을 사 들이라"는 말이다. 그냥 아껴서 허송세월하지 말라는 정도가 아니라 적극적으로 세월을 사 들이라는 말이며, 인생을 잘 관리해야 한다는 말이다. 우리 인간은 누구나 할 것 없이 유일회적(唯一回的) 존재다.

"사람이 한 번 죽는 것은 정해진 일이요 그 뒤에는 심판이 있으리니"(히 9:27)

사람은 이 땅에서의 삶을 마감한 후에 영적 생명으로 다시 태어나 영원한 하나님의 나라에 들어가게 된다. 언젠가는 우리를 이 땅에 보내신 하나님 앞에 설 터인데 그때 아뿔싸! 하고 허무하게 살아온 삶을 후회하는 일이 없기를 간절히 바랄 뿐이다.

56. 우리를 인도하시는 성령님

"보혜사 곧 아버지께서 내 이름으로 보내실 성령 그가 너희에게 모든 것을 가르치고 내가 너희에게 말한 모든 것을 생각나게 하리라"(요 14:26)

만년설이 뒤덮인 히말라야 고산지역의 에베레스트를 올라가기 위해서는 철저한 준비와 강인한 체력, 정신력 외에 필요한 것이 또 있는데 그것은 바로 '셰르파'라는 사람이다. 셰르파는 흔히 등반가의 짐을 날라주는 단순 보조인으로 생각하는 경우가 있는데 천만의 말씀이다.

1953년 5월 29일, 세계 최고봉 에베레스트 정상에 첫발을 디딘 사람은 뉴질랜드인 '에드먼드 힐러리'와 셰르파 '텐징 노르가이'였다.

이처럼 히말라야의 위대한 산악인 곁에는 항상 위대한 셰르파가 함께 있었는데 셰르파라는 단어는 짐꾼을 뜻하는 것이 아니라, 네팔 고산지대에 거주하는 소수민족의 이름이다. 셰르파족은 약 500년 전 동부 티베트에서 에베레스트 남부 빙하 계곡으로 이주해 왔다. 아무리 험하고 가파른 곳이라도 그들이 가면 길이 열린다. 정상으로 향하는 새로운 길을 뚫고 개척하는 사람들, 이들의 정신을 '패스브레이킹'이라고 말하기도 한다.

패스브레이킹, 무슨 뜻일까? '패스'(Path, 사람들이 지나다녀 생긴 작은 길)와 '브레이킹'(Breaking, 깨뜨리다)의 합성어로, 기존의 틀을 과감히 벗어나 남들이 가지 않는 새로운 길을 내는 개척자를 뜻한다.

셰르파들은 보통 유명 산악인들의 이름에 가려져 있는 것이 대부분이다. 하지만 그들은 오늘도 꿋꿋이 험한 길을 뚫고 설산을 오르고 또 오른다. 그들의 '패스브레이킹' 정신 앞에 히말라야도 머리를 숙이는 것이다. 이처럼 단단한 마음을 가지고 있으면 세상에 넘지 못할 일은 없다. 성령 하나님은 우리의 영적인 셰르파이시며, 우리 곁에서 우리를 인도하는 분이시다.

57. 개미

"두 사람이 한 사람보다 나음은 그들이 수고함으로 좋은 상을 얻을 것임이라 혹시 그들이 넘어지면 하나가 그 동무를 붙들어 일으키려니와 홀로 있어 넘어지고 붙들어 일으킬 자가 없는 자에게는 화가 있으리라 또 두 사람이 함께 누우면 따뜻하거니와 한 사람이면 어찌 따뜻하랴 한 사람이면 패하겠거니와 두 사람이면 맞설 수 있나니 세 겹줄은 쉽게 끊어지지 아니하느니라"(전 4:9-12)

아프리카 밀림에서 가장 강한 동물은 무엇일까? 그 해답은 '개미'이다. 개미들이 떼지어 이동하면 그 길이가 무려 10리나 된다. 밀림의 맹수들은 개미떼를 보고 저마다 소리를 지르며 숲으로 도망간다. 몸집이 가장 큰 코끼리도 겁을 먹고 두려워한다.

밀림의 왕인 사자 또한 개미가 이동하는 반대 방향으로 쏜살같이 달려간다.

'작은 고추가 맵다'는 속담처럼 밀림에서는 개미가 가장 무서운 존재이다. 개미에게 잘못 걸리면 영락없이 놈들의 밥이 되고 만다.

수십만 마리의 개미가 동물의 몸에 붙어 살을 뜯어먹으면 그것을 견딜 짐승이 하나도 없다. 맹수들이 개미를 두려워하는 것은 힘이 강해서가 아니라 개미의 무서운 협동심 때문이다. 개미는 지극히 작은 벌레에 불과하지만 수십만 마리가 힘을 합쳐 코끼리를 공격하면 단 하루만에 앙상한 뼈만 남는다. 그들에게 협동심은 가장 강한 무기이다.

이처럼 가족의 협동심은 가장 강력한 무기이다. 사실 하나님이 인간에게 가족을 주신 분명한 목적은 여기 있을 것이다. 가족 구성원들이 서로 협력해 삶의 맹수들인 위기와 고난을 물리치기 위함이다. 우리는 가정을 소중히 여기고 서로 협동해야 한다. 그래야 어려움도 이기고 고난도 극복할 수 있다.

58. 도마뱀

"그는 곧 너로다 나의 동료, 나의 친구요 나의 가까운 친우로다"(시 55:13)

오래 전에 일본에서 동경 올림픽이 열리기 전 해의 일이었다. 올림픽 때문에 스타디움을 확장하기 위해서 인부들이 지붕을 헐었다. 그런데 지붕을 헐어보니 벽에 도마뱀이 꼬리에 못이 박힌 채 살아있었다. 인부들이 전에 공사했던 사람들에게 그 못을 언제 박았느냐고 물었다.

그러자 3년 전에 박은 못이 틀림없다고 했다. 그 말을 들은 인부들은 어떻게 3년 동안 도마뱀이 그런 상태에서 살아있을 수 있는지 이해할 수 없었다. 그래서 공사를 중단하고 가만히 지켜보기로 했다.

한참 지켜보니까 한 구석에서 도마뱀 한 마리가 나오더니, 꼬리에 못이 박힌 도마뱀에게 먹이를 물어다 주고 있더라는 것이다. 알고 보니 그 도마뱀은 3년 동안 그 도마뱀 친구를 위해 하루에도 서너 차례 먹이를 물어다 주었다. 인부들은 도마뱀의 그 모습을 보면서 사랑과 헌신의 아름다움에 감탄했다.

59. 바라쿠다 (BarraCuda)

"오직 강하고 극히 담대하여 나의 종 모세가 네게 명령한 그 율법을 다 지켜 행하고 우로나 좌로나 치우치지 말라 그리하면 어디로 가든지 형통하리니 이 율법책을 네 입에서 떠나지 말게 하며 주야로 그것을 묵상하여 그 안에 기록된 대로 다 지켜 행하라 그리하면 네 길이 평탄하게 될 것이며 네가 형통하리라 내가 네게 명령한 것이 아니냐 강하고 담대하라 두려워하지 말며 놀라지 말라 네가 어디로 가든지 네 하나님 여호와가 너와 함께 하느니라 하시니라"(수 1:7-8)

바라쿠다는 육식성 바다고기이다. 미국의 우즈 홀 해양 연구소에서 바라쿠다에게 흥미로운 실험을 했다. 수족관에 바라쿠다와 바라쿠다가 제일 좋아하는 먹이인 숭어를 넣었다. 그런데 수족관은 반으로 나뉘어 있었고 가운데는 투명한 유리벽이 설치되어 있었다.

그것도 모르는 바라쿠다는 자신이 좋아하는 숭어가 보이자 전속력으로 달려갔고 번번이 유리벽에 심하게 부딪혔다. 그렇게 몇 주일을 지나면서 수백 번을 반복한 바라쿠다는 더 이상 숭어를 향해 가지 않았다. 그때 유리벽을 치웠다. 그런데 이상하게도 바라쿠다는 자기 눈앞에 숭어가 지나가도 전혀 관심을 갖지 않았다. 그동안 그의 경험이 그를 길들였기 때문이었다. 결국 바라쿠다는 수족관 한쪽에서 굶어 죽었다. 사람도 마찬가지이다. 계속해서 실패를 경험하게 되면 성공과 나는 상관이 없는 것처럼 살아가게 된다. 아마 그런 사람에게는 성공을 기원하는 축복의 말조차도 부담스러울 것이다.

60. 소와 사자

"마음을 같이하여 같은 사랑을 가지고 뜻을 합하며 한마음을 품어 아무 일에든지 다툼이나 허영으로 하지 말고 오직 겸손한 마음으로 각각 자기보다 남을 낫게 여기고 각각 자기 일을 돌볼뿐더러 또한 각각 다른 사람들의 일을 돌보아 나의 기쁨을 충만하게 하라"(빌 2:2-4)

평화롭고 아름다운 어느 작은 마을에 서로 너무나 사랑한 소와 사자가 있었다. 소는 사자의 용맹함과 과묵한 성격이 마음에 들었다. 사자는 소의 자상함과 부지런함에 흠뻑 빠졌다. 결국 둘은 주위의 반대를 무릅쓰고 결혼을 하게 되었다. 그들에게 사랑보다 중요한 건 없었다. 힘들게 함께하게 된 만큼 둘은 최선을 다하기로 약속했다. 소는 최선을 다해서 맛있는 풀을 준비해 날마다 사자에게 대접했다. 사자는 싫었지만 참았다. 사자도 최선을 다해서 맛있는 살코기를 날마다 소에게 대접했다. 소도 괴로웠지만 참았다.

하지만 참을성에는 한계가 있었다. 둘은 마주앉아 이야기를 했다. 소와 사자는 다투었다. 둘은 끝내 헤어지고 말았다. 헤어지면서 서로에게 한 말, "난 최선을 다했어."였다. 그들은 최선을 다했지만, 소가 소의 눈으로만 사자를 보고 사자가 사자의 눈으로만 소를 본 결과였다. 소가 소의 눈으로만 세상을 보고 사자가 사자의 눈으로만 세상을 본다면 그것은 소의 세상, 사자의 세상일 뿐이다. 사람이 누구든지 자기 관점에서만 세상을 바라본다면 그 세상은 혼자 사는 무인도이다. 나 위주로 생각하는 최선, 상대를 못 보는 최선, 그 최선은 최선일수록 최악을 낳고 만다.

61. 성공적인 예배는 인생의 열쇠이다

"아버지께 참되게 예배하는 자들은 영과 진리로 예배할 때가 오나니 곧 이 때라 아버지께서는 자기에게 이렇게 예배하는 자들을 찾으시느니라"(요 4:23)

우리는 아벨의 예배를 통해서 배울 수 있다. 마음과 뜻과 정성을 다하여 예배드릴 때 하나님의 풍성한 사랑과 축복을 받을 수 있다는 것을. 하나님이 받으시는 예배는 마음이 있는 예배인데, 이것은 희생이 있는 예배이다. 내 시간, 내 오락, 내 안락, 내 잠을 희생해서 예배드릴 때 하나님은 더 많은 시간, 더 많은 기쁨, 더 많은 안식, 더 많은 쉼을 허락해 주신다.

한 이민교회 목사가 어떤 교인이 주일날 골프장을 가기에 주일성수할 것을 권면했다. 그런데 집사가 또 주일성수를 지키지 않고 골프장으로 갔다. 그래서 심방을 가서 심각하게 권면했더니 집사님이 말하기를 "목사님, 교회에 오면 몸은 교회에 있지만 마음은 골프장에 있고, 골프장엘 가면 몸은 골프장에 있지만 마음은 교회에 있습니다. 목사님이 분명히 하나님은 마음을 보신다고 하셨죠? 그럼 제가 교회에 몸이 와야 하나요? 마음이 와야 하나요? 저는 목사님 말씀대로 마음으로 교회에 왔습니다."라고 하였다.

말이나 못하면 좋으련만! 현대인들은 지식과 물질과 과학과 쾌락이 인간에게 큰 의미를 주는 줄 알고 따르고 있다. 괴테의 파우스트를 보면 주인공은 인생의 의미를 알지 못하고 방황한다. 내가 누구인지 어떻게 살아야 하는지 모르고 고민한다. 허무함과 허탈감에 빠져 걷잡을 수 없는 파우스트는 자살하려고 집을 떠난다. 그때 교회의 종소리가 울린다. 땡~ 땡~ 땡~ 신령한 소리였다. 머리로 듣는 소리가 아니라 가슴에 울리는 하늘의 소리였다.

파우스트는 그것이 영혼을 깨우며 그를 부르는 하나님의 소리임을 깨달았다. 찬송이 들렸다.

"사셨네 사셨네 예수 다시 사셨네"

그는 교회에 나가 예배드리며 하나님의 음성을 듣고 새로운 삶의 의미를 얻었다. 우리는 어디로 가야 하나? 하나님께 나아가 예배를 드려야 한다. 하나님은 예배자에게 절망을 이겨낼 힘을 부어 주신다. 현대인은 나름대로 분주하게 살아간다. 그러나 어디로 가야할지를 모르고 방황하고 있다. 하나님을 떠났기에 방황하는 것이다. 어린이부터 노인 세대까지 모든 계층이 방황하는 시대이다. 내가 누구인가? 어디로 가야 하나? 그래서 현대인의 제일 무서운 병은 '모르는 병'이다.

잠이 안 오는데 왜 안 오는지 본인도 모르고, 전문가도 잘 모른다. 집이 싫은데 왜 싫은지 모르고 떠난다. 그래서 노숙자가 많다. 아프기는 분명히 아픈데 왜 아픈지, 어디에 병이 있는지 모르고 있다. 이 병원 저 병원 찾아다녀도 병명을 모르는 환자가 많다. 사실 드러나는 병은 오히려 고칠 수 있는 길이 있지만 숨겨진 병은 더욱 육체에 고통을 준다.

살기 싫은 사람이 많다. 이유가 없다. 살기 싫고 의욕이 없어 잠도 안 오고 우울한데 왜 그런지를 모른다. 그래서 자살을 택한다. 공부가 싫고 집이 싫어 부모의 말도 안 듣고 가출한다. 이유를 모른다. 남편이 싫고 아내가 싫어서 겉도는 부부들이 많다. 왜 그러는지 모른다. 나도 몰라 너도 몰라 전문가도 몰라, 몰라 병이다. 그래서 현대인들은 방황하고 있다. 왜 일을 하는지, 왜 공부를 하는지, 왜 사는지를 모르고 헤매는 사람들이 많다. 태양과 멀리 떨어져 있으면 있을수록 차갑다. 남극과 북극은 얼음으로 덮여 있는데 그 이유는 태양과 너무 멀리 떨어져 있기 때문이다. 현대인의 방황은 태양 되신 하나님과 멀리 떨어져 있기 때문이다.

그러므로 마음 중심에 하나님이 없다. 천지를 지으신 하나님이 우리의 중심에 있을 때 인생의 방황을 멈추게 된다. 예배로 하나님을 만나면 일도, 공부도, 살림도, 봉사도 기쁨으로 할 수 있게 된다. 살아계신 하나님께 참된 예배를 드리며 예배에 성공하는 자는 인생의 성공자가 된다.

62. 하나님의 뜻이 무엇일까?

"율법의 교훈을 받아 하나님의 뜻을 알고 지극히 선한 것을 분간하며"(롬 2:18)

어떤 부부가 아이가 없어서 하나님께 아이를 달라고 정말로 간절히 기도했다. 그것도 무려 16년 동안이나 기도했다. 그런데 마침내 16년만에 기도의 응답을 받아서 아이를 가지게 되었다. 얼마나 기쁘고 감사했는지 모른다. 그런데 그렇게도 기도하며 기다리던 아이를 낳고 보니 불구였다. 이 부부는 너무나 당황하였다. 아이를 낳아 놓고 별의별 생각을 다해 보았다.

'우리에게 왜 이런 일이 일어났는가?'

아무리 생각해 보아도 이해할 수가 없었다.

'하나님의 뜻이 있겠지.' 하면서도 그 하나님의 뜻이 무엇인지 알지 못했고, 어떻게 생각하면 서운하기도 하고 하나님이 원망스럽기도 했다.

하나님을 믿고 산다고 하는 대부분의 사람들도 이런 상황이 되면 고민하게 된다. 여기에 분명 하나님의 뜻이 있는 것 같긴 한데 '과연 하나님의 뜻이 무엇일까.' 그것에 대한 응답을 듣지 못한다. 그것은 하나님께서 우리에게 그 뜻을 감추시기 때문이 아니라 우리에게 들을 귀가 막혀 있기 때문이다. 영적인 귀머거리로 살아가기 때문에 하나님께서 당신의 뜻을 알려주심에도 그것을 듣지 못하며 답답하게 고민하며 살아간다.

이 부부도 근심하면서 "하나님, 이게 웬일입니까? 16년 동안 기도해서 얻은 아이인데 왜 불구여야 합니까?" 그렇게 기도하기 시작했다. 그러던 어느 날 마음속에 감동이 왔다. 감동된 마음속에 깊이 들려온 하나님의 음성이 있었다.

"내가 이 아이를 누구에게 맡겨야 사랑을 쏟아가며 키워줄 수 있을까 하고 16년 동안이나 찾다가 너희 부부에게 맡겼노라. 너희 부부처럼 기도하고 준비한 사람들이라면 이 아이에게 온갖 사랑과 정성을 쏟아 키울 수 있을 것이라고 생각한 것이란다." 하는 음성이었다. 이 부부는 그 하나님의 음성을 듣고 나서야 일순간 의심과 불평이 사라지고 자신들에게 아이를 주신 것에 감사하며 그 아이를 키웠다고 한다.

63. 기도하기만 하면 반드시 축복은 온다

"모든 기도와 간구를 하되 항상 성령 안에서 기도하고 이를 위하여 깨어 구하기를 항상 힘쓰며 여러 성도를 위하여 구하라"(엡 6:18)

어떤 운전기사가 산이 험하기로 소문난 강원도에서 운전을 하고 있었다. 그런데 이 기사의 운전 습관은 아주 험하기로 소문이 나 있었다. 차도 급하게 몰고, 정지할 때는 브레이크를 있는 힘껏 밟고, 커브길도 의자에 앉아있는 사람들이 떨어질 정도로 운전을 한다. 그러니 이 버스에 타고 있는 손님들은 초긴장 상태가 되어 발가락에 온 힘을 주고 정신을 바짝 차릴 수밖에 없었다. 심지어 어떤 사람은 집에 가서 보니까 얼마나 발가락에 힘을 주었던지 양말에 그만 구멍이 날 정도였다.

이렇게 운전을 험하게 하던 운전기사가 어느 날 죽어서 천국에 가게 되었다. 천국 문에 도착을 하니까 사도 베드로가 그 문을 지키고 있었다. 그리고 사도 베드로가 천국에 들어오는 모든 사람들에게 저마다 살 집을 정해주고 있었다. 드디어 이 운전기사의 차례가 되었다.

"저, 베드로님, 제가 이 천국에서 살 집은 어떠한 집입니까?"라고 운전기사가 베드로에게 근심어린 표정으로 물었다. 그러자 사도 베드로가 활짝 웃으면서 아주 반가운 표정을 지었다.

"어서 오시오, 나의 사랑하는 형제님! 당신은 저 언덕 위에 있는 커다란 고급 맨션으로 가시오!"

이 말을 들은 운전기사는 너무나 기분이 좋았다. 콧노래를 부르면서 베드로가 정해준 자신의 집으로 신나게 발걸음을 옮겼다. 이때 운전기사의 뒤에는 어떤 목사님이 서 계셨다. 속으로 목사님은 이렇게 생각을 했다.

'야, 저 운전기사가 저렇게 좋은 집을 얻게 되었는데 하나님께서 나에게는 더 크고 멋지고 좋은 집을 주시겠지!'

목사님은 회심의 미소를 지으면서 자신 있게 베드로에게 자신의 집이 어디에 있는지를 물었다. 그런데 이상하게도 베드로가 목사님에게는 저 계곡에 있는 낡고 오래된 '개집'으로 가라는 것이었다.

너무나 화가 난 목사님은 베드로에게 따지기 시작했다.

"아니, 저 운전기사에게는 좋은 집을 주고, 왜 나한테는 개집을 주십니까?"

그러자 사도 베드로가 이렇게 대답을 했다.

"목사인 당신은 설교를 할 때마다 사람들을 다 졸게 만들었지만, 저 운전기사는 운전을 할 때마다 사람들로 하여금 하나님께 간절히 기도하게 만들었으니 당연히 저 운전기사의 집이 좋을 수밖에요!"

물론 이 이야기는 확인이 안 된 이야기지만 하여튼 기도는 우리에게 하나님의 축복을 주는 통로가 된다는 교훈을 가르쳐주고 있다.

기도는 하나님의 도우심을 우리의 삶 속에 가져다주는 대단히 중요한 통로이다. 또 이런 이야기가 있다. 어떤 마을에 잘 웃지 않는 대단히 거룩한 목사님이 계셨다. 가벼운 농담도 전혀 할 줄 모르는 매우 경건한 목사님이셨다. 어떠한 일이 있어도 얼굴의 웃는 근육 한 20개는 절대로 움직이지 않는 목사님이셨다. 그런데 이 마을에 큰 홍수가 났다. 교회도 대부분 물에 잠기고 말았다. 교회의 지붕으로 간신히 피신한 목사님은 다급한 어조로 하나님께 간절히 기도하였다.

"하나님, 이 홍수 가운데서 저를 구원하여 주시옵소서!"

이때 어디선가 119 보트 2대가 나타났다. 그리고 하늘에서는 헬리콥터도 날아왔다. 구조대원들이 목사님을 향해서 외쳤다.

"목사님, 어서 보트를 타시든지 아니면 헬리콥터에 달려 있는 밧줄을 잡고서 올라오십시오!"

그러나 이 거룩하고 경건한 목사님은 태연히 성경책을 들고서 이렇게 대답했다.

"저는 인간적인 도움을 받지 않습니다. 제가 하나님께 간절히 기도를 드렸으니 하나님께서 반드시 저를 구조해 주실 것입니다."

그리고 나서 다시 한 번 하늘을 향해서 두 손을 높이 들고 기도하기 시작했다.

"하나님 아버지, 저를 구원하여 주시옵소서!"

결국 목사님은 불어난 물에 의해서 익사하고 말았다. 드디어 이 목사님도 천국 문 앞에 도착을 하였다. 이번에도 역시 사도 베드로가 천국 문을 지키고 있었다. 베드로를 만난 이 경건한 목사님은 너무 화가 나서 불평과 불만을 털어놓기 시작했다.

"아니, 내가 하나님께 얼마나 열심히 기도를 하였는데 왜 나를 구조하지 못한 거요?"라고 따지기 시작하자 베드로가 이 화가 난 목사님을 향해서 다음과 같이 대답을 했다.

"아니, 거 이상한데요? 당신이 기도한 것이 천국에서 접수가 되어서 우리가 보트 2대하고 헬리콥터 1대를 보냈는데 도착을 안했습니까?"

하나님께 기도하면 사람의 손길을 통해서도 얼마든지 도움이 온다는 사실을 믿어야 한다. 그러므로 최선을 다해서 기도해야 한다. 기도하기만 하면 반드시 축복은 온다. 기도하지 않는 영혼은 자기도 복을 못 받고, 다른 사람에게도 복을 줄 수가 없다. 그런 사람은 절대로 축복의 통로가 될 수 없다.

64. 탈무드에 이런 이야기가 있다

"이는 우리가 다 반드시 그리스도의 심판대 앞에 나타나게 되어 각각 선악간에 그 몸으로 행한 것을 따라 받으려 함이라"(고후 5:10)

한 사람이 훌륭한 랍비에게 지혜를 가르쳐 달라고 했다. 랍비는 먼저 그를 시험해보았다. 두 사람이 굴뚝을 청소했는데 한 사람은 얼굴이 시커멓게 됐고 다른 한 사람은 깨끗했다는 것이다. 그러면 둘 중 누가 먼저 얼굴을 씻으러 가겠느냐는 것이 문제였다.

그는 당연히 더러운 사람이 씻으러 갈 것이라고 대답했다. 그러자 랍비는 그러니까 당신을 지도해줄 수 없다고 하는 것이었다. 얼굴이 더러운 사람은 상대방이 깨끗하니까 자기도 깨끗한 줄 알고 씻지 않지만 깨끗한 사람은 상대방이 더러우니까 자기도 더러운 줄 알고 씻으러 간다는 것이다.

이 사람은 공부를 많이 한 후 다시 랍비를 찾아가 자기를 시험해 달라고 했다. 랍비가 똑같은 문제를 내자 그는 자신 있게 얼굴이 깨끗한 사람이 얼굴을 씻으러 갈 것이라고 대답했다. 그러자 랍비는 그래서 당신을 제자로 삼을 수 없다고 하면서 얼굴이 더러운 사람은 일을 열심히 했기 때문에 먼저 씻으러 가고 깨끗한 사람은 일을 별로 하지 않았기 때문에 씻지 않는다는 것이었다.

내가 아무리 의롭고 열심히 했다고 스스로 주장해도 그것으론 내가 의롭다, 참 잘했다는 마지막 판단을 받을 수 없다. 또한 스스로 지난 한 해를 잘못 살았다고 후회하고 비관한다 할지라도 그 판단이 옳지 않을 수 있다.

그렇다. 내 인생의 판단에 있어서 자기 자신의 관점에서만 나를 판단하는 것, 그것은 매우 위험하다. 바울은 자기의 관점에서 본 자기 인생의 평가와 결산은 바람직하지 못하다고 말한다.

65. 편안함과 안일함

"어리석은 자의 퇴보는 자기를 죽이며 미련한 자의 안일은 자기를 멸망시키려니와"(잠 1:32)

영국을 여행하던 한 사람이 해안 지방을 지나는 중에 많은 갈매기들이 모래사장에 죽어 있는 것을 보았다. 그래서 그것을 치우고 있는 사람들 곁으로 가서 한 인부에게 그 이유를 물었다. 그러자 그 인부가 이렇게 말했다.

"이곳에는 여행객들이 많이 옵니다. 여행하는 사람들은 갈매기가 많은 것을 보고 먹이를 던져 줍니다. 갈매기들은 과자, 사탕 등 여러 가지 맛있는 것들을 받아먹습니다. 그런데 문제는 그러한 음식들이 갈매기의 몸에는 해로운 음식들이라는 것입니다. 갈매기들이 날마다 과자나 사탕 같은 것들을 받아먹다 보면 일반 먹이에 대해 식욕을 잃어버리게 됩니다. 그러다가 관광 시즌이 지나서 여행객들의 발

길이 끊어지면 갈매기들은 좋은 먹이가 바다 속에 널려 있음에도 불구하고 그것들을 먹으려 하지 않는답니다. 그래서 결국은 갈매기들이 이렇게 굶어 죽는답니다."

편안함과 안일함이 항상 좋은 것만은 아니라는 교훈을 얻게 한다. 그것들이 우리를 병들게 하고 나중에는 우리를 죽게 할 수 있다는 것이다. 그러므로 박해와 이단보다 더 무서운 것이, 바로 무사안일주의임을 기억해야 한다. 너무 편안하고 모든 일이 잘 풀릴 때 조심해야 한다. 성공할 때, 출세할 때 주의하는 것을 잊지 말아야 한다.

성군 다윗. 그가 언제 넘어졌는가? 군사들을 전쟁터로 내보내고 아주 한가할 때 그가 범죄했다. 느부갓네살 왕이 언제 교만해졌는가? 여기저기 이곳저곳을 정복하고 세계를 호령할 때 교만해졌다.
스코틀랜드의 역사가 토머스 칼라일(Thomas Carlyle)은 이런 말을 했다.
"역경을 극복하는 사람이 백 사람이라면 번영의 시절에 잘 처신하는 사람은 한 명에 불과하다."
왜 그럴까? 없을 때는 하나님께 매달리며 간구한다. 그러나 얻고 나면 돌변하는 그리스도인들이 얼마나 많은지 모른다. 하나님께 요구했던 것을 얻어서 누릴 줄은 알지만 그것을 가지고 하나님이 주신 사명을 감당하며 사는 사람은 적다.

66. 끝까지 최선을 다하라

"형제들아 나는 아직 내가 잡은 줄로 여기지 아니하고 오직 한 일 즉 뒤에 있는 것은 잊어버리고 앞에 있는 것을 잡으려고 푯대를 향하여 그리스도 예수 안에서 하나님이 위에서 부르신 부름의 상을 위하여 달려가노라"(빌 3:13-14)

건축회사에 다니던 한 간부가 은퇴를 앞두고 있었다. 사장은 수십 년간 회사를 위해서 일해준 간부가 너무나 고마워 무엇을 해줄까 생각하다가, 그 간부에게 자신이 살집을 짓게 하고 그 집을 은퇴하는 날 주기로 결정하였다. 그래서 그 간부를 불러서 말했다.

"그동안 우리 회사를 위하여 너무나 많은 수고를 하셨습니다. 이제 은퇴 전에 마지막으로 세상에서 가장 아름다운 집을 하나 건축하여 주시오."

그 간부는 마지막까지 일을 시키는 사장을 못마땅하게 생각하였다. 그래서 집을 지으면서 재료를 대충 썼다. 철근도 대강 사용했다. 감독 또한 철저히 하지 않았다. 겨우 준공 검사만 맡을 정도로 아주 부실하게 그 집을 다 지었다. 보기에는 아름답고 화려해 보였지만 그 집은 부실공사로 지어졌기 때문에 오래가지 못할 집임을 그 간부는 잘 알고 있었다.

은퇴하는 날, 사장은 모든 회사원들 앞에서 말했다.

"우리가 지어달라고 한 이 집은 당신이 살 집입니다. 은퇴 기념으로 당신에게 주려고 지은 집입니다."

이 간부는 깜짝 놀라며 후회했지만 소용이 없었다. 끝까지 최선을 다해서 최상의 재료로 집을 지었더라면 편안하게 여생을 보낼 수 있었을 것이다. 하지만 그 사람은 끝까지 성실하지 못했기에 큰 후회를 하고 말았다. 이처럼 우리는 무엇을 하든지 처음보다 끝이 좋아야 한다. 시작보다 결론이 중요하다. 비행기는 이륙도 잘해야 하지만, 착륙을 더 잘해야 성공적인 비행이 된다. 만일 착륙이 잘못되면 이제까지 아무리 비행을 성공적으로 잘해왔어도 그 모든 수고와 노력은 물거품이 된다. 그래서 비행기의 착륙을 잘하면 모든 승객들이 박수를 치며 축하하는 것이 관례라고 한다. 인생 또한 처음에는 초라하고 그 과정 속에 실패와 실수가 있다 할지라도 마지막을 아름답게 끝낸 사람이라면 성공한 사람이라고 말할 수 있다.

이처럼 우리의 신앙도 끝이 아름다워야 한다. 끝까지 맡은 일에 최선을 다해야 한다.

67. 은혜는 마음속에 새겨라

"주의 구원의 즐거움을 내게 회복시켜 주시고 자원하는 심령을 주사 나를 붙드소서"(시 51:12)

옛날 중국의 춘추전국시대에 초나라의 장왕이 커다란 잔치를 베풀고 장수들을 초대했다. 각 장수들에게는 아름다운 궁녀들이 한 사람씩 배정이 되었다. 잔치의 흥이 고조될 무렵, 갑자기 큰 바람이 불어 방안의 불이 모두 꺼졌다. 술도 거나하게 취하고 불도 꺼진 참이라 장웅이라는 장수가 어둠 속에서 옆의 궁녀를 희롱하였다. 화가 치민 궁녀는 그 무례한 장수를 잡기 위해 그 장수의 투구에 달려 있는 금술을 잡아떼어 왕에게 고해 바쳤다.

왕의 궁녀를 희롱했으니 장수는 목베임을 당해야만 했다. 그러나 왕은 불 켜는 것을 잠시 중지시키고 초대된 모든 장수들에게 투구에 달린 금술을 떼어 왕에게 바치라고 명령을 내렸다. 다시 명하여 불을 켰으나 모든 장수들의 투구에는 금술이 없었기에 궁녀를 희롱한 장본인을 알 수 없게 되었다.

그 후 몇 년이 지났다. 진나라의 공격을 받은 장왕이 곤경에 빠지게 되었다. 그때 한 용감한 장수가 장왕을 구해 냈다. 바로 지난날 궁녀를 희롱하여 목베임을 당할 뻔하였던 그 장수가 용서해준 왕의 은덕을 갚을 기회를 찾고 있었던 것이다.

주님은 우리를 용서해 주신 정도가 아니라 우리를 위하여 생명을 내놓으셨다. 우리는 과연, 우리의 생명을 구원해 주신 주님께 어떻게 보답하고 있는가?

"원수는 물에 새기고 은혜는 돌에 새겨라"라는 옛말도 있지만 반대로 "은혜는 물에 새기고, 원수는 돌에 새기는" 배은망덕(背恩忘德)한 자도 있듯이 구원의 은혜를 망각한 채 도전하는 가라지 같은 사람들이 많이 있다. 이러한 때 우리 믿음의 성도들은 주님의 은혜를 뼛속 깊이 새기는 각골난망(刻骨難忘)의 신앙인들로 거듭나야 한다.

68. 좋은 스승을 만나는 것

"보혜사 곧 아버지께서 내 이름으로 보내실 성령 그가 너희에게 모든 것을 가르치고 내가 너희에게 말한 모든 것을 생각나게 하리라"(요 14:26)

결투는 보통의 싸움과는 다르다. 결투는 내가 상대방을 죽이지 못하면 내가 죽임을 당하는 것이다. 생명을 끝내는 것. 끝장을 보는 것. 그것이 결투이다.

칼을 전혀 쓰지 못하는 한 청년이 유명한 무사의 아들과 결투를 하게 되었다. 청년은 정말 자신이 없어 결투를 피해 보려고 사정해 보았지만 상대방이 들어주지 않아 결투를 하게 되었다. 결투를 하면 죽게 되는 것은 뻔한 일이었지만 청년은 죽더라도 칼이나 한번 휘둘러보고 멋지게 죽고 싶었다. 청년은 고민을 하다가 그 나라 최고 검객을 찾아가 사정을 이야기했다.

"선생님, 저는 죽기로 작정했으니 이왕 죽는 것 훌륭하게 죽고 싶습니다. 어떻게 하면 훌륭하게 죽을 수 있는지 가르쳐 주세요."

"죽을 준비는 정말 단단히 되어 있는가?"

"그럼요. 어차피 죽을 목숨, 각오는 되어 있습니다."

"그래, 그러면 훌륭하게 죽는 방법을 가르쳐 주지. 칼을 굳게 잡고 상단을 향하여 높이 쳐들고 눈을 꼭 감고 있어야 하네. 그렇게 있다가 상대방의 칼날이 스치면 사정없이 내리치게. 그러면 훌륭하게 죽을 것이네."

청년은 대 검객에게 자세를 지도 받고 연습한 후 집으로 돌아왔다.

결투의 날, 청년은 덜덜 떨면서 나갔다. 상대방은 칼을 잘 쓰는 사람이라 여유 있게 왔다. 많은 사람들이 지켜보는 가운데 드디어 결투가 시작되었다. 청년은 대 검객이 가르쳐 준 대로 칼을 꽉 잡고 높이 쳐들었다. 그리고 눈을 꼭 감고 기다렸다. 상대방의 칼이 스치기만 하면 바로 내리치면 되는 것이다. 그런데 기다려도 기다려도 칼끝이 스치지 않았다. 아무리 기다려도 상대방이 공격을 하지 않았다.

얼마 후 "항복! 항복! 내가 졌소." 하는 소리가 들렸다. 그래서 청년은 죽지 않고 살았다. 물론 결투에 승리했다. 그러나 청년은 칼을 잘 쓰기로 소문난 상대방이 왜 칼 한 번 휘두르지 않고 항복을 선언했는지 이해가 되지 않았다. 그는 대 검객을 찾아가 물었다.

"선생님께서 시키시는 대로 해서 제가 이겼지만 상대방이 왜 항복했는지는 이해되지 않습니다."

"자네가 취한 자세는 너 죽고 나 죽자는 비법일세. 칼날이 스칠 때 사정없이 내리치면 자네도 죽지만 상대방도 죽는다네. 더구나 칼을 쓸 때 눈을 꼭 감는 것은 죽을 각오가 단단히 되어 있다는 뜻일세. 그러니 상대방이 겁을 먹고 항복한 걸세."

칼을 전혀 쓰지 못하는 사람이라도 대 검객에게 배우니 칼을 잘 쓰는 사람을 이긴 것이다.

삼성의 반도체 사업은 1974년도에 이건희 회장이 시작했다. 이 회장이 반도체 사업을 시작할 것이라 하니 모든 중역들이 반대했다. 그때 우리나라의 기술로는 겨우 트랜지스터라디오나 만들 수 있었던 정도였기 때문이다. 칼라TV도 우리 손으로는 조립만 했지 만들지 못했을 때이니 그 정교한 반도체 사업을 어떻게 하겠느냐며 모두들 반대했다.

그런데 이 회장은 사재를 털어 작은 연구실을 만든 다음 일본에 가서 그 나라 최고 기술진들을 만나 정성을 다해 설득했다. 결국 그 기술진들이 토요일에 우리나라에 와서 우리 기술진들에게 밤새도록 기술을 가르쳐 주고 주일에 다시 돌아가기로 했다. 이 회장은 매주 일본에 가서 그 기술진들을 모시고 와서 우리 기술진들에게 기술을 전하게 했다. 그렇게 시작된 삼성 반도체가, 세계 랭킹 1위라는 타이틀을 가지게 되었다.

오늘의 삼성이 있게 된 것은 일본 최고의 대가에게 배웠던 과거가 있기 때문이다. 인생을 살아가면서 좋은 스승을 만나는 것이 얼마나 귀한 일인지 모른다.

우리는 보혜사 성령님을 늘 모시고 산다. 이 보혜사께서 우리를 가르치신다. 먼저 보혜사 성령께서는 우리를 진리 가운데로 인도하신다.

요한복음 16장 13절의 "진리의 성령이 오시면 그가 너희를 진리 가운데로 인도하시리니"라는 말씀대로 진리인 성경을 읽게 하시고 묵상하게 하시고 말씀을 듣게 하시고 순종하게 하신다. 그래서 진리를 알면 진리가 우리를 자유케 한다.

요한복음 8장 32절의 "진리를 알지니 진리가 너희를 자유케 하리라"라는 말씀이다. 세상의 정보로 가득 채워도 우리는 불안하다. 세상의 실력으로 가득 채워도 불안하다. 오늘 앞서가는 정보와 실력이 내일은 쓰레기가 되고 마는 것이 지금 이 시대, 정보화 시대의 모습이다. 그러나 말씀은 21세기가 되어도 앞서간다. 진리는 흔들리지 않는다. 시대를 앞서간다. 이 진리를 우리 안에 가득 채우면 평안하고 든든하고 자유를 느끼게 되는 것이다. 또 말씀대로 살 때, 순종할 때 복이 내게로 온다. 때문에 성령은 우리를 자꾸 진리로 인도하신다. 우리를 진리의 기둥과 터인 교회로 인도하신다.

죄 짓는 곳에 한 번만 가도 망할 수 있다. 선악과를 한 번 따먹고 낙원을 잃었듯이 죄 짓는 곳에 한 번만 가도 망할 수 있다. 교회에 한 번만 나와도 구원을 받을 수 있다. 한 번 더 나오면 은혜를 더 많이 받는다. 그래서 성령께서는 우리를 교회로 인도하신다. 그리고 성령께서는 우리가 죄를 지으면 그냥 두지 않으신다.

요한복음 16장 8절에 "그가 와서 죄에 대하여 의에 대하여 심판에 대하여 세상을 책망하시리라"는 말씀이 있다. 우리가 죄를 지으면 성령께서 그냥 두지 않으신다. 왜일까? 죄는 암이기 때문이다. 암이 남편을 삼킨다. 암이 아내를 삼킨다. 암이 자녀를 삼킨다. 암이 가정의 경제와 행복을 삼켜버린다. 암은 우리 생명을 앗아간다. 암은 점점 퍼져서 우리의 생명까지 앗아간다. 마찬가지로 죄도 자란다.

야고보서 1장 15절의 "욕심이 잉태한즉 죄를 낳고 죄가 장성한즉 사망을 낳느니라"는 말씀도 있다.

69. 때로는 부정적인 감정도 유익하다

"주는 나의 하나님이시니 나를 가르쳐 주의 뜻을 행하게 하소서 주의 영은 선하시니 나를 공평한 땅에 인도하소서"(시 143:10)

한 해병이 있었다. 두려움을 모르는 이 병사는 언제나 작전에서 목숨을 걸었다. 그는 다른 병사들이 두려움에 떠는 것을 보면 화가 났다. 나약한 모습이야말로 수치라고 생각했고, 어떤 경우에도 떨지 않는 자신에 대하여 무한한 자부심을 느꼈다. 그러던 그가 한 전투지역에 배치되었다. 그리고 그곳에서 평소에 극히 존경하던 전쟁 영웅을 만나게 되었다. 해병은 자신의 새로운 상관에 대하여 무한한 존경심과 신뢰를 느꼈다.

얼마 후, 전투가 벌어졌다. 해병은 더 용감하게 적진으로 돌진했다. 자기의 영웅 앞에서 인정받고 싶은 마음이 그를 아주 흥분시켰다. 전투가 끝나고 밤이 되었을 때에 보초를 서고 있는 이 병사 옆으로 영웅이 다가왔다.

"자네는 용감하더군. 죽음이 무섭지 않는가?"

"전혀 무섭지 않습니다. 저는 언제라도 명령을 위해 목숨을 버릴 각오가 되어 있습니다."

"훌륭하군. 나는 아직도 죽음이 두려운데…"

순간 병사의 얼굴이 일그러졌다. 자기의 영웅이 이런 나약한 소리를 입에 담다니…. 하지만 그의 영웅은 미소를 지으며 계속 말을 했다.

"이봐, 전투에서의 두려움은 그렇게 나쁘고 부끄러운 것이 아니라네. 나는 지금까지 수많은 전투를 치렀지. 그럼에도 내가 아직까지 살아남아 전우들을 도울 수 있었던 것은, 두려움을 몰랐기 때문이 아니라 두려움을 이용할 줄 알았기 때문이라네. 우리는 죽기 위해 싸우는 것이 아니라, 살아남기 위해 싸우는 것이네. 난 자네가 좀 더 자신을 소중하게 여기고 행동했으면 하네. 꼭 죽어야 한다면 정말 중요한 일을 위해 죽어야 하지 않겠는가?"

병사는 홀로 남아 곰곰이 생각하고 또 생각했다. 그는 진정한 용기가 적진을 향한 '전진'만은 아니라는 것을 깨달았다. 나약한 병사들을 조롱하던 자신의 어리석음도 후회했다. 승리를 위해서 필요한 것은 흥분된 감정이 아니라 침착함과 인내심, 그리고 전우들을 믿고 자기를 희생하려는 마음이라는 것을 알게 되었다. 무엇보다 자신과 전우들의 생명을 소중하게 생각하지 않으면 오히려 적에게 이용만 당할 수 있다는 사실에 처음으로 두려움을 느꼈다.

하나님께서는 불필요한 것을 우리에게 주지 않으셨다. 그래서 때로는 부정적인 감정들도 우리에게 유익하다. 그런 감정들은 우리 자신이 잘못된 길로 가고 있다는 사인(Sign)이거나 경고(Siren)이다. 만약 우리가 이런 감정들에 대하여 좀 더 신중을 기한다면 잘못된 판단과 행동을 미연에 방지할 수 있을 것이다.

요즘 느낌이 좋지 않은가? 그렇다면 신중하라. 그 느낌 안에 숨겨진 메시지에 귀를 기울이라. 경솔함을 용기라고 착각하지 말라. 꼭 죽어야 한다면 죽을 만한 일을 골라서 죽어야 하지 않겠는가?

70. 어느 수도원의 수도자의 순종

"사무엘이 이르되 여호와께서 번제와 다른 제사를 그의 목소리를 청종하는 것을 좋아하심 같이 좋아하시겠나이까 순종이 제사보다 낫고 듣는 것이 숫양의 기름보다 나으니"(삼상 15:22)

어느 수도원에 수도자가 되기를 원하는 사람들이 찾아왔다. 수도원은 지원자들에게 한 가지 시험을 내 주며 그 시험을 통과한 사람만이 수도자의 길을 갈 수 있다고 했다. 수도원에서 준 문제는 "밑 깨진 항아리에 물을 붓는 것"이었다. 지원자들은 옆에 있는 웅덩이에서 물을 길어다가 항아리에 부었지만 물이 다 새어버리고 말자 모두들 불평하며 가 버렸다. 그런데 한 지원자가 남아서 하루 종일 물을 길어 부었다. 붓고 또 부어도 밑이 깨진 항아리는 채워지지 않았지만 그 사람은 묵묵히 같은 일을 반복하였다.

하루가 저물 무렵이 되자 웅덩이가 바닥을 드러내었다. 그런데 바닥을 드러낸 웅덩이에 작은 상자 하나가 놓여 있었다. 상자를 열자 거기에 "순종"이라는 글자가 쓰인 종이가 들어있었다. 지원자는 마침내 시험을 통과하고 수도자가 되었다. 하나님의 말씀에 순종하는 것이 축복된 삶의 비결이다. 하나님의 말씀에 순종해야 하나님의 역사를 체험할 수 있다. 이 사실을 믿음의 눈으로 바라보아야 한다. 믿음의 눈이 열리면 순종의 길도 열리는 것이다. 하나님은 순종하기를 원하신다.

사무엘 선지자는 사무엘상 15장 22절에서 "순종이 제사보다 낫다"라고 했으며, 예수님께서도 누가복음 11장 28절에서 "하나님의 말씀을 듣고 지키는 자가 복이 있다"라고 말씀하셨다.

71. 의미 있는 삶의 가치

"하나님이 모든 것을 지으시되 때를 따라 아름답게 하셨고 또 사람들에게는 영원을 사모하는 마음을 주셨느니라 그러나 하나님이 하시는 일의 시종을 사람으로 측량할 수 없게 하셨도다"(전 3:11)

우리는 의미 있는 삶의 가치를 깨달아야 한다. 그것이 무엇일까? 하나님의 뜻대로 살아가는 것이 인간의 본분이고, 최고로 가치 있고 의미 있는 삶이다. 그러므로 이 세상 것으로 만족하고 행복하려는 어리석음을 버려야 한다. 세상의 부귀영화와 권세를 누림으로 행복하려는 착각에서 깨어나야 한다.

왜냐하면 이 세상에 올 때도 빈손으로 왔고 갈 때도 빈손으로 가는 것이 인생이기 때문이다. 우리는 영원을 사모해야 한다.

죽음에는 모르는 것 셋과 아는 것 셋이 있다. 모르는 것 세 가지란 "언제 죽을지 모른다", "어디서 죽을지 모른다", "어떻게 죽을지 모른다"라는 것이다.

아는 것 세 가지란 "반드시 한 번은 죽는다", "아무도 함께 가지 못한다", "아무것도 가지고 갈 수 없다"라는 것이다.

　미국의 코미디언 자니 칼슨은 "이 세상에서 확실한 것은 두 가지 밖에 없다. 하나는 세금을 내야 한다는 것이다. 또 하나는 우리 모두 죽어야 한다는 것이다."라는 유명한 말을 남겼다. 그는 또한 "죽음의 확률은 100%다."라는 말을 남기기도 했다. 부자도 가난한 사람도 죽는다. 높은 사람도 낮은 사람도 죽는다. 배운 사람도 별로 배우지 못한 사람도 죽는다. 유명한 사람도 무명한 사람도 죽는다. 건강한 사람도 병약한 사람도 죽는다. 그래서 이 땅에서는 영원한 것이 없다. 오직 영혼만이 영원하고 하나님 나라만이 영원하다. 영원을 사모하는 마음을 가지고 하나님을 찾고 하나님의 뜻을 깨닫고 하나님의 법칙과 질서 가운데 살아가는 것만이 진정 의미 있는 삶의 가치이다.

72. 고난은 성공의 원동력

　"사람이 감당할 시험 밖에는 너희가 당한 것이 없나니 오직 하나님은 미쁘사 너희가 감당하지 못할 시험 당함을 허락하지 아니하시고 시험 당할 즈음에 또한 피할 길을 내사 너희로 능히 감당하게 하시느니라"(고전 10:13)

　토스카니니(Arturo Toscanini)는 관현악의 세계적인 명지휘자로 세계의 존경과 사랑을 받는 사람이다. 원래 그에게는 남다른 불행이

한 가지 있었는데, 그것은 그가 아주 심한 근시안이어서 앞을 잘 보지 못한다는 것이었다. 그는 첼로 연주자가 되어 관현악단에서 연주할 때마다 앞에 놓인 악보를 볼 수 없는 까닭에 항상 악보를 머릿속에 외워두고 연주에 나가곤 했다. 그러던 어느 날, 한번은 갑자기 연주회 직전에 지휘자가 병원에 입원을 하게 되었다. 그 많은 오케스트라의 단원 중에 곡을 전부 암기하여 외우고 있던 사람은 오직 당시 19세밖에 안 된 토스카니니뿐이었다.

그래서 그가 임시 지휘자로 단 위에 서게 되었다. 이 사건이 토스카니니가 지휘자로 새롭게 태어나게 된 결정적인 계기가 되었다. 만약에 토스카니니에게 근시라는 고난이 없었다면 그가 세계적인 명지휘자가 될 수 있었을까?

그러나 그에게 가시처럼 남아 있던 고난이 세계적인 명지휘자를 만든 원동력이 된 것이다. 고난이 무조건 나쁜 것만은 아니다. 고난은 사람을 변화시키는 힘이 있다. 고난이 사람을 성숙시키는 힘이 된다. 그렇다. 고난이 사람을 변화시키고 사람을 살린다. 고난의 뒤에, 시련의 뒤에는 언제나 축복이 기다리고 있다. 고난을 어떻게 생각하는지의 차이가 인생을 변화시킨다.

73. 하나님의 때를 기다리라

"범사에 기한이 있고 천하 만사가 다 때가 있나니"(전 3:1)

장날이 되어 거북이가 신발을 사러 가다가 달팽이를 보았다. 거북이는 느리게 기어가는 달팽이가 너무 불쌍했다. 그래서 "야, 타!"라고 말했다. 그래서 거북이가 달팽이를 자신의 등에 싣고 한참을 가는데, 이번에는 굼벵이가 느릿느릿 가는 것이 보였다. 거북이는 굼벵이가 또 불쌍해 보였다. 그래서 굼벵이에게도 "야, 타!"라고 말했다. 굼벵이가 거북이 등 위에 올라가자마자 이미 거북이 등에 올라타고 있던 달팽이가 굼벵이에게 말했다.

"야, 꽉 잡아. 이 거북이가 무지하게 빨리 간다."

때때로 우리가 이 유머에 나오는 굼벵이와 달팽이처럼 행동할 때가 있다. 거북이가 빠르면 얼마나 빠르겠는가? 그런데도 굼벵이와 달팽이는 자기들의 기준으로 거북이가 무지하게 빨리 간다고 생각한 것처럼, 때때로 우리는 하나님의 시간을 자꾸 우리 기준으로 생각하려는 경향이 있다. 하나님께서 '아직 아니야'라고 하시는데도, 우리는 '지금 당장'을 외친다. 하나님은 'Not yet!'이라고 말씀하시는데 'Here and now!'라고 말하기도 한다. 그러나 거두게 하시는 하나님의 때는 정해져 있다. 따라서 우리는 하나님의 타이밍을 포착해야 하고, 그 타이밍이 될 때까지 인내하며 기다려야 한다.

만약 여러분들이 상추씨를 심어놓고, 심은 지 얼마 되지 않아 '상추씨앗이 어떻게 되었나?'하고 호미를 가지고 수시로 파본다면 상추씨가 어떻게 되겠는가? 싹도 피우지 못할 것이다. 아니, 싹을 피웠다 할지라도 그 상추가 자라지 못하고 몸살이 나서 말라죽을 것이다. 마찬가지 원리이다. 기도한 후 기다리지 못하고 조급해하면 응답의 잎사귀가 말라버린다. 기도한 후에 "왜 이렇게 응답이 더디 올까?" 하고 초조해하지 마시기 바란다. 하나님은 아무 때나 주지 않으시고 반드시 하나님의 시간에 주신다. 조급해하지 말고 믿음으로 하나님의 때를 기다리는 것이 최선의 방법이다.

74. 시험에 들지 않게 깨어 기도하라

"시험에 들지 않게 깨어 기도하라 마음에는 원이로되 육신이 약하도다 하시고"(마 26:41)

어떤 가정의 며느리가 믿지 않는 시어머니 때문에 매우 힘들게 살고 있었다. 시어머니가 늘 "교회가지 마라", "예수 믿어도 별것 없데." 하면서 며느리를 핍박했다. 그래서 며느리는 시어머니를 위해서 늘 기도하고 찬송을 부르며 위로를 받았는데, 어느 날 교회 식구들이 그것을 알고 시어머니에게 전도를 갔다.

"할머니, 예수님 믿으시고 교회 나오세요. 며느님께서 할머니를 위해 늘 눈물로 기도하고 있어요."

그랬더니 시어머니가 말했다.

"흥, 그것 다 내숭떠는 거예요. 나도 며느리가 노래 부를 때 가만히 들어봤는데요, 늘 시어미를 이겨 먹자는 노래만 해요."

전도대원들이 깜짝 놀라 물었다.

"아니, 무슨 노래를 부르는데요?"

시어머니가 말했다.

"거, 뭐라더라… 너 시어밀 당해 범죄치 말고 너 용기를 다해 늘 물리쳐라. 너 시어밀 이겨 새 힘을 얻고, 이런 노래예요."

며느리가 불렀던 것은 찬송가 342장 「너 시험을 당해」였다. 시험을 다른 말로 "슬럼프"라고 할 수 있다. 신앙인도 슬럼프에 빠질까요? 질문한다면 두말할 것 없다. 모세도 광야에서 슬럼프에 빠졌다. 결국 모세는 슬럼프를 이겨내지 못하고 백성들을 향하여 분노를 퍼붓고 반석을 두 번 막대기로 쳤다. 그로 인해 가나안땅에 들어가지 못하고 말았다. 엘리야도 슬럼프에 빠졌다.

갈멜산의 승리를 만끽하고 있던 엘리야에게 아합과 이세벨이 군대를 풀어 추격해 오자 그는 자살까지 하려고 했다. 하나님이 급히 천사를 보내지 않았더라면 큰일 날 뻔 했다. 그렇게 기도를 많이 하던 사람들도, 그렇게 하나님을 사랑하던 사람들도 슬럼프에 빠져 헤어나지 못했는데 우리인들 오죽하겠는가? 어떻게 우리같이 약한 자들이 한번도 시험에 들지 않고 100% 성공적인 신앙생활만 할 수 있을까? 어떻게 어릴 때부터 한번도 슬럼프에 빠지지 않고 죽는 날까지 아름답게 신앙생활을 하겠는가?

어떻게 처음 믿었던 그 순수하고도 열심 있는 믿음이 10년, 20년, 30년 지나도 변치 않고 가겠는가? 문제는 시험이 올 때 어떻게 이길 것인가 하는 것이다. 시험이 오고 슬럼프에 빠지면 반드시 우리는 낙심에 빠진다. 문제는 시험이 오고 슬럼프에 빠질 때 우리가 낙심치 않고 승리할 수 있는 방법이 무엇인가 하는 것이다.

주님은 시험에 들지 않게 기도하라고 하셨다. 바로 그것이다. 기도하는 것만이 시험을 이길 수 있는 방법이다.

75. 시어머니를 공경하라

"네 부모를 공경하라 그리하면 네 하나님 여호와가 네게 준 땅에서 네 생명이 길리라"(출 20:12)

시골에 한 할머니가 있었다. 그는 아들을 금이야 옥이야 사랑하면서 키웠다. 아들도 어머니의 정성과 사랑 속에 공부를 잘하여 판사가 되었다. 힘든 농사일을 하며 판사 아들을 키워낸 노모는 한 끼 밥을 굶어도 배가 부른 것 같고, 잠을 청하다가도 아들 생각에 가슴 뿌듯함이 넘쳐나 남부러울 것이 없었다. 이런 노모는 한 해 동안 지은 농산물을 가지고 세상에서 가장 귀한 아들을 만나기 위해 서울 아들 집으로 왔다.

마침 아들과 며느리는 없고, 눈에 넣어도 아프지 않은 손자만이 집을 지키고 있었다. 아들이 판사이기도 하지만 며느리는 부잣집 딸이었다. 아들네는 신기한 살림살이가 너무나 많았다. 집안 이리저리 구경을 하다가 안방에서 가계부를 보게 되었다.

부잣집 딸이라 가계부를 쓸 것이라고는 생각하지 못하였는데, 며느리가 쓰고 있는 가계부를 들여다보게 되었다. 각종 세금이며 축의금이며 살림살이 구입, 부식비며 촘촘히 써내려간 지출내역을 보았다. 조목조목 나열한 지출항목에 "촌년 10만원"이라는 항목이 있었다.

"아니, 무엇을 샀기에 이렇게 썼는가?"라며 다음달을 보았는데, 역시 같은 날짜에 "촌년 10만원"이라고 쓰여 있었다.

1년 열두 달을 한 달도 빠짐없이 같은 날짜에 "촌년 10만원"이라고 쓰여 있었다. 가만히 생각해 보니 그날은 시골의 자기에게 10만원 용돈을 보내준 날이었다. 할머니는 엄청난 충격을 받았다.

"그래, 내가 촌년이라는 말이지?"

그 할머니는 자신이 마치 무슨 죄인이라도 된 심정으로 도망치듯이 시골로 내려오고 말았다. 내려오는 기차에서 얼마나 괘씸하고 분이 나고 화가 나던지 가슴이 터져나갈 것만 같았다. 마침 아들에게서 전화가 왔다.

"어머니, 왜 안 주무시고 그냥 가셨어요?"

그러자 노모는 가슴에 응어리진 말을 하였다.

"아니, 촌년이 거기 어디서 자겠나?" 하고 소리를 질렀다. 아들이 "어머니, 무슨 말씀이세요?"라고 하자 "무슨 말? 그건 나한테 묻지 말고 너희 방 책꽂이에 있는 가계부한테 물어봐라, 잘 알게다!"라고 하며 수화기를 놓았다.

아들은 가계부를 보다가 기가 막혔다. 어머니가 화를 내시는 이유를 알았다. 그렇다고 아내와 싸우자니 소문이 날 거고 때리자니 폭력이라 판사의 양심에 안 되고, 사태를 수습하기 위하여 대책을 마련하였다. 아내에게 처갓집에 다녀오자고 하였다. 아내는 신바람이 나서 친정에 가져갈 선물들을 준비하였다. 길을 나서니 아내는 신이 났다. 그 모습을 보니 남편은 마음이 착잡하였다.

처갓집에 도착하여 아내를 집안으로 들여보내고 그는 마당에 서 있었다. 장모님이 나와서 "우리 판사 사위, 왜 들어오지 않고 거기 서 있는가?" 하고 나오셨다. 그러자 기다렸다는 듯이 "촌년의 아들이 왔습니다. 촌년의 아들이 감히 부잣집에 들어갈 수 있겠습니까?" 하고 차를 돌려 집으로 돌아와 버렸다.

그날 밤으로 시어머니가 사는 시골에 사돈과 며느리가 찾아와 심심한 잘못을 말씀드리고 용서를 빌었다. 딸은 자기가 죽을죄를 지었으니 한번만 용서해달라고 하였다. 이런 일이 있은 후 다음달 가계부에는 "시어머니 용돈 50만원"이라고 쓰여 있었다.

중간에서 아들들이 잘해야 한다. 여러 자부(子婦)들은 "어머니, 어머니" 하고 자주 부르면서 가깝게 살아야 한다. 친정의 아버지와 어머니와 살아간 날보다 더 오랜 세월을 함께 살아가야 하는, 그분들은 새로운 가족이다.

76. 혜월(慧月)

"선한 사람은 그 쌓은 선에서 선한 것을 내고 악한 사람은 그 쌓은 악에서 악한 것을 내느니라"(마 12:35)

일제시대에 부산 선암사에 '혜월'이라는 유명한 스님이 있었다. 혜월은 제자들을 모아 놓고 가끔 '나에게는 사람을 죽이고 살리는 두 자루의 훌륭한 칼이 있다'고 말하곤 했다. 이 말은 제자들을 통해서 널리 퍼졌다. 그 소문은 당시 경상남도 지역을 책임지고 있던 일본 헌병대장의 귀에까지 전해졌다.

헌병대장은 '세상에 사람을 죽이는 칼은 있지만, 사람을 살리는 칼이 있다니 그것이 도대체 어떻게 생겼을까?' 궁금해서 직접 혜월을 찾아갔다. 헌병대장이 찾아갔을 때, 마침 혜월은 산에 나무를 하러 가고 없었다. 헌병대장은 그가 산에서 돌아오기를 기다렸다.

한참 후에 기다리던 혜월이 등에 나무를 한 짐 지고 산에서 돌아왔는데, 헌병대장은 크게 실망했다. 좋은 옷을 입고 허리에 두 자루의 큰 칼을 차고 있을 줄 알았는데, 혜월은 허름한 옷에 나뭇짐을 지고 있었다. 헌병대장은 크게 실망하여 혜월에게 말했다.

"당신에게 사람을 죽이고 살리는 유명한 칼이 있다던데 나에게 보여줄 수 있소?"

혜월은 "보여드리지요." 하면서 "이리 올라오시오."라고 헌병대장에게 말했다. 헌병대장은 그의 뒤를 따라 축대 위로 올라갔다.

헌병대장이 축대 위에 올라가자, 갑자기 혜월이 그를 후려쳤다. 갑자기 당한 일이라 방어할 틈도 없이 헌병대장은 축대 밑으로 굴러떨어지고 말았다. 헌병대장은 부하가 보는 앞에서 큰 망신을 당한 것이 억울해서 칼을 뽑아 들었다. 그러자 혜월이 축대에서 내려와 헌병대장을 일으키며 "많이 아프지요? 어디 다친 데는 없으신가요?"라고 말하더니 이어서 이러한 유명한 말을 했다.

"처음에 당신을 때린 손은 '사람을 죽이는 칼'이요, 이번에 당신을 일으켜 세운 손은 '사람을 살리는 칼'입니다."

헌병대장은 혜월의 말에 크게 깨닫고 세 번 절을 한 후 돌아갔다. 우리는 칼로 사람을 죽일 수도 있고 살릴 수도 있다. 만약 칼이 강도의 손에 있으면 사람을 죽이는 칼이 되고, 의사의 손에 있으면 사람을 살리는 칼이 된다.

77. 감사하는 언어를 사용하라

"죽고 사는 것이 혀의 힘에 달렸나니 혀를 쓰기 좋아하는 자는 혀의 열매를 먹으리라"(잠 18:21)

이 세상에서 가장 아름다운 언어는 감사하는 언어이다.

1) 가장 축복받는 사람이 되려면 감사하는 사람이 되라.(C. 쿨리지)

2) 감사하는 자에게 하나님은 베푸시고 다른 속박을 풀어주신다. (R. 크릴리)

3) 감사하는 영을 개발하라. 그러면 그대는 영원한 잔치를 즐길 것이다.(맥더프)

4) 감사는 결코 졸업이 없는 과정이다.(발레리 앤더스)

5) 감사하는 마음은 가장 위대한 미덕일 뿐만 아니라, 다른 모든 미덕의 근원이 된다.(키케로)

6) 감사는 예의 중에 가장 아름다운 형태이다.(J. 마르뎅)

7) 감사는 최고의 항암제요, 해독제요, 방부제다.(존 헨리)

8) 하늘을 향한 감사의 생각은 그 자체가 기도이다.
   (G. E. 스펄전)

9) 사람이 얼마나 행복한가는 그의 감사의 깊이에 달려 있다.
   (존 밀러)

10) 시련이 아무리 크다 할지라도, 구원받은 모든 죄인들은 감사할 이유를 언제나 발견할 수 있다.(빌립 E. 하워드)

11) 그가 우리에게 어떤 것을 주시든지간에 하나님께 감사하는 것은 마귀를 물리치는 확실한 방법이다.(스피로스 J. 히아테스)

12) 하나님은 항상 감사하는 자에게 축복을 주신다. 그의 축복을 교만한 자의 손에서는 거두시나 겸손한 자에게는 언제나 허락하신다.(토마스 아 켐피스)

13) 감사할 줄 모르는 자들을 벌하는 법을 따로 세우지 않은 까닭은 감사할 줄 모르는 자들은 하나님께서 벌하시기 때문이다.(라이피곱스)

14) 베풂에는 세 종류가 있다. 아까워하며 베푸는 것, 의무적으로

베푸는 것, 감사함으로 베푸는 것이다.(로버트 N. 로덴메이어)

15) 우리는 눈물에 감사해야 한다. 왜냐하면 눈물은 우리의 눈을 하나님 비전을 위해 준비시키기 때문이다.(윌리암 A. 워드)

16) 가진 바 때문이 아니라 되어진 바로 인해 감사한다.(헬렌 켈러)

17) 우리는 불평을 가짐으로 불평을 말하게 되는데 모든 것을 참고 감사하면 불평은 사라진다.(헬렌 켈러)

18) 작은 것에 감사치 않는 자는 큰 것에도 감사치 않는다.
 (에스토니아)

19) 감사는 얼굴을 아름답게 만드는 훌륭한 끝손질이다.(T. 파커)

사도 바울은 "항상 기뻐하라 쉬지 말고 기도하라 범사에 감사하라 이것이 그리스도 예수 안에서 너희를 향하신 하나님의 뜻이니라", "성령을 소멸하지 말며 예언을 멸시하지 말고 범사에 헤아려 좋은 것을 취하고 악은 어떤 모양이라도 버리라"(살전 5:16, 22)고 하였다.

78. 하나님께 예배를 중단하지 말라

"오직 나는 주의 풍성한 사랑을 힘입어 주의 집에 들어가 주를 경외함으로 성전을 향하여 예배하리이다"(시 5:7)

미국이 남북전쟁으로 한창 치열할 때였다. 아브라함 링컨 대통령은 바쁜 와중에도 주일이 되면 한 번도 빠짐없이 꼭 교회에 나와 살아계신 하나님께 예배를 드렸다. 그런데 어느 주일날 예배를 마친 뒤에 사회자가 뜻밖에도 이런 소식을 전했다.

"여러분, 앞으로 당분간 교회에서 드리는 예배를 중단하기로 했습니다. 아시다시피 지금 전쟁이 매우 치열합니다. 사상자가 많이 생기고 있습니다. 그래서 교회의 건물을 개조해서 당분간 병원으로 만들어 나라를 위해서 봉사하기로 했습니다. 그러니 각자가 전쟁이 끝날 때까지만 집에서 개인적으로 신앙생활을 해 주시기 바랍니다."

그 소리를 들은 링컨 대통령은 깜짝 놀라서 자리에서 벌떡 일어났다.

"안 됩니다. 그것은 틀린 생각입니다. 물론 전쟁이 치열한 것은 사실입니다. 사상자가 많이 생기는 것도 사실입니다. 그렇다고 해서 어떻게 교회를 바꾸어서 병원으로 사용할 수가 있습니까? 어떻게 하나님께 예배드리는 일을 중단할 수가 있습니까? 우리는 나라가 어려울수록 더욱더 하나님께 간절히 예배를 드려야 합니다. 전적으로 하나님을 의지해야 합니다."

이것이 링컨 대통령의 믿음이었다. 그래서 교회를 병원으로 개조해서 봉사하겠다는 계획은 받아들여지지 않았다.

교회에서 계속해서 예배를 드릴 수 있었다. 결국 하나님의 도우심으로 남북전쟁은 북군의 승리로 끝날 수가 있었다.

교회의 사명 가운데 제일 중요한 사명이 무엇일까? 봉사일까? 구제일까? 교육일까? 선교와 전도일까? 아니다. 살아계신 하나님께 예배드리는 일이다.

79. 일곱 번씩 일흔 번의 용서

"그 때에 베드로가 나아와 이르되 주여 형제가 내게 죄를 범하면 몇 번이나 용서하여 주리이까 일곱 번까지 하오리이까 예수께서 이르시되 네게 이르노니 일곱 번뿐 아니라 일곱 번을 일흔 번까지라도 할지니라"(마 18:21-22)

미워한다는 것은 쉬운 일이다. 그러나 용서한다는 것은 쉬운 일이 아니다. 좋은 사람을 사랑한다는 것은 쉬운 일이다. 좋아하지 않는 사람을 미워한다는 것도 쉬운 일이다. 그러나 잘못한 사람을 용서한다는 것은 쉬운 일이 아니다.

용서한다는 것은 더 큰 사랑, 더 큰 인내를 필요로 하는 사랑이다. 때론 바다보다 넓고 산보다 크다고 하는 사람의 마음도 바늘구멍 들어갈 틈이 없는 때가 있는 걸 본다. 사람은 근본적으로 불완전하다. 부족하고 부조리하고 유한하다.

우리는 정말 용서하며 살아야 한다. 용서한다는 것은 나도 남들과 같이 잘못을 저지르고 죄악에 빠질 때가 많기 때문이며, 아직도 그 많은 죄와 허물을 벗지 못한 불완전한 인간이 또 다른 불완전한 인간을 단죄할 자격이 없기 때문이다. 용서야말로 남에 대한 더 큰 사랑이요, 남에 대한 사랑의 근본적인 태도이기 때문이다. 남을 용서하지 않고 어떻게 내가 나의 죄를 용서받을 수 있겠는가?

용서는 더 큰 사랑이다. 베드로 같은 분이기 때문에 잘못을 저지른 형제에게 일곱 번을 용서해 줄 수 있었을 것이다. 그러나 예수님께서는 일곱 번씩 일흔 번이라도 용서하여야 한다고 하셨다.

마태복음 5장 46절에 "너희가 너희를 사랑하는 자를 사랑하면 무슨 상이 있으리요 세리도 이같이 아니하느냐"라는 말씀이 나온다.

참사랑이란 한계를 두지 않는 것이다. 용서란 사람을 소중히 여기는 마음이요, 너그럽고 관대한 마음이다. 용서야말로 인간의 근본적인 불완전함을 인정하는 태도요, 인간으로서 완전에 가까워지기 위한 어려운 걸음의 첫발을 내디디는 마음이다. 그렇기 때문에 용서하는 마음에는 꼭 인내를 필요로 하도록 배려하신 것이다.

「사랑의 기도」의 저자 J. 갈로는 「용서」에서 이렇게 기도하고 있다.

    주님이 우리를 용서해 주시듯
    우리도 이웃을 용서하게 해 주십시오

잠시라도 마음에 원한을 품지 말고
입으로만 아니라 마음으로부터
모든 것을 용서하게 해 주십시오

조건을 붙이거나 제한을 두지 않고
전부 용서하게 하시고
한 번 용서했으면
결코 지나간 일을 들추어내지 않고
모든 것을 물에 흘려보내듯
그렇게 용서하게 해 주십시오
그리고 아무 일 없었던 것처럼
그 사람을 대할 수 있는 힘을 주십시오

저도 사람들의 용서를 받아야 할 사람임을
잊지 말게 하시고
겸허한 마음으로 용서하게 해 주십시오
몇 번이고 용서하는 인내심을 주십시오

주님, 이웃을 용서하는 법을 가르쳐 주십시오
주님이 용서하시듯
저도 넓은 마음으로 용서하게 해 주십시오

베드로가 주님께 와서 "주님, 제 형제가 저에게 잘못을 저지르면 몇 번이나 용서해 주어야 합니까? 일곱 번이면 되겠습니까?" 하고 묻자 예수님께서는 이렇게 대답하셨다.

"일곱 번뿐 아니라 일곱 번씩 일흔 번이라도 용서하여라"(마 18:21-22)

80. 책임지는 한 사람

"네 양 떼의 형편을 부지런히 살피며 네 소 떼에게 마음을 두라" (잠 27:23)

1964년 뉴욕 시에 살던 키티 제노비스라는 여인이 강도에게 살해당한 사건이 발생했다. 그녀는 강도에게 살해당하지 않기 위해 30분이 넘게 저항했는데, 그녀가 저항하는 소리는 매우 커서 주변의 30여 가구가 모두 들었다고 한다. 하지만 어느 누구도 그녀를 구하려고 하지 않았고, 경찰에게 신고도 하지 않아 결국 그녀는 강도에게 살해당했다.

그녀가 저항하는 소리를 들은 사람들은 "내가 신고하지 않아도 누군가 신고하겠지."라고 생각했던 것이다. 이렇게 어떤 사건이 일어났을 때 다른 사람은 어떻게 행동하는가에 따라 판단하여 행동하는 현상을 그녀의 이름을 딴 제노비스 신드롬 혹은 방관자 효과라고 한다.

　방관자 효과의 원인은 여러 가지가 있는데 사건을 목격한 사람이 많을수록 개인의 책임은 감소하는 책임감 분산이 가장 큰 원인이다. 방관자 효과는 생각보다 우리의 주변에서 쉽게 발견할 수 있는데, 조모임 때 조장만 바라보는 조원들, 수강 인원이 많은 수업에서 교수님의 질문에 답하지 않는 학생들, 국가나 단체에 일이 일어났을 때 책임을 회피하는 모습들 속에서 방관자 효과를 발견할 수 있다.

　사회라는 이름 아래 모여 다수로 살아가는 사람들에게 방관자 효과는 사람들을 무기력하게 만든다. 사람이 모이면 무엇이든지 할 수 있다는 생각에 찬물을 끼얹는 것이기 때문이다.

　그러나 역설적이게도 다수를 무력하게 만드는 방관자 효과는 단 한 사람의 힘으로 해결할 수 있다. 심폐소생술 교육을 받다 보면 신고를 부탁할 때 한 사람을 가리키며 "119에 신고 좀 해주세요."라고 말하라고 교육 받는다. 이는 분산될 수 있는 책임감을 한 사람에게 집중시키는 방법인데, 불특정 다수에게 신고해 달라는 부탁을 할 때보다 신고할 확률을 높여준다.

　이 방법은 강제적으로 책임감을 부여하는 것이지만 역으로 생각하면 책임감을 갖고 행동하는 한 사람이 방관자 효과를 해결할 수 있다는 것을 시사한다. 결국 책임감을 갖고 행동하는 한 사람이 필요하다. 단순히 "신고 좀 해 주세요."라는 요청이 아닌, 스스로 책임감에 뛰어드는 한 사람이 필요한 것이다.

81. 습관의 실수

"예수께서 나가사 습관을 따라 감람 산에 가시매 제자들도 따라 갔더니"(눅 22:39)

"저와 결혼해 주십시오. 저와 결혼해 주신다면 저 하늘의 별이라도 따다 주겠습니다."

한 낭만적인 젊은이가 여인에게 열렬히 청혼했다. 여인은 그 청년이 얼마나 성실하고 끈기가 있는 사람인지 시험해 보기 위해 한 가지 제안을 했다.

"하늘의 별을 따오실 필요는 없습니다. 그저 이 강변의 자갈 중에 별 모양으로 생긴 돌을 하나 찾아와 주세요."

젊은이는 그날부터 강변에서 별 모양의 돌을 찾기 시작했다. 이미 살펴본 돌을 다시 찾아보지 않도록 한 번 확인한 돌은 강에 던져 넣는 일을 며칠 동안 계속하였다. 젊은이는 매일 잠시도 쉬지 않고 계속 돌을 찾았다. 돌을 찾는 손끝은 터져 그만 피가 흐르고 있었고 수없이 돌을 집어 던진 어깨는 무척 아팠지만 그는 포기하지 않았다. 그리고 젊은이는 드디어 별 모양의 돌을 발견했다.

"드디어 찾았다!"

젊은이는 크게 소리치며 너무도 기뻐했다. 그리고는 그동안 습관처럼 반복했던 행동으로 돌을 강으로 던지고 말았다. 젊은이는 낙담했지만, 자신과 결혼하기 위해 성실히 노력하는 젊은이에게 감동한 여인은 젊은이의 청혼을 받아들였다. 청년은 생각지도 못한 습관 때문에 사랑을 잃을 뻔했다. 사람은 습관대로 행동한다. 나쁜 습관을 버리고 좋은 습관을 가지는 것, 그것이 좋은 행동의 결실이다.

82. 긍정적인 마음이 성공한다

"내게 능력 주시는 자 안에서 내가 모든 것을 할 수 있느니라"(빌 4:13)

빗을 생산하는 공장에 네 명의 판매원이 있었다. 사장은 이들에게 절에 가서 스님들에게 빗을 팔 것을 지시했는데 네 명의 행동은 다양했다.

처음에 판매하러 간 판매원은 빈손으로 돌아와서 하는 말이, 절에 있는 스님들은 모두 빡빡머리라 빗이 필요없더라고 하였다. 두 번째 판매원은 수십 자루를 팔고 왔는데, 그는 스님들이 비록 빡빡머리이긴 하나 수시로 머리를 빗으며 눌러주면 혈액순환이 잘 되어 장수할 수 있다고 설득시켰다는 것이다.

세 번째 판매원은 수완이 좋았는데, 단번에 몇 백 자루나 팔았다. 그는 주지스님에게, 참배객들이 향을 태우다 보면 머리에 향의 재가 묻게 되는데 이때 절에서 빗을 준비해 두었다가 그들에게 공급하면 참배객들이 아주 고맙게 생각하며 더 자주 절을 찾아올 것이라고 해서 팔았다는 것이다.

네 번째 판매원은 아예 대량 주문을 받아가지고 돌아왔다. 그는 참배객들에게 빗을 기념품으로 증정하되 빗의 한 면에는 참배객들이 좋아하는 연꽃을 새겨 넣고, 다른 한 면에는 길선(吉善-이롭고 착하다)빗이라 새겨 넣으면 절의 이미지가 크게 올라갈 것이라 설득했다는 것이다. 절에 빗을 파는 것을 안 된다고 부정적으로 생각한 판매원은 결국 팔지를 못했다. 하지만 할 수 있다는 긍정적인 마음으로 방법을 찾은 판매원은 성공을 했다.

83. 욜로(YOLO)

"여호와는 나의 목자시니 내게 부족함이 없으리로다"(시 23:1)

한 번뿐인 인생을 즐기며 살자는 삶의 태도를 의미하는 욜로(YOLO). 욜로는 You Only Live Once의 약자로, 2030은 물론 4050세대까지 확산되고 있다. 욜로가 주목을 받는 이유는 다양하다. 현대인들이 느끼는 삶에 대한 허무와 자괴가 현재의 행복을 추구하는 삶의 태도로 이어졌다고 보는 시각이 많다. 또한 욜로는 개인의 삶뿐만 아니라 경제에도 영향을 미칠 만큼 영향력이 점점 커지고 있다.
You Only Live Once. 인생은 한 번뿐이야. 욜로족이 등장하기 이전에는 '미래'의 행복을 위해 저축하고 돈을 모으는 것이 당연시 여겨져 왔지만 욜로라는 또 다른 삶의 태도가 등장함에 따라 행복한

'현재'를 위해 여행을 가고, 나 자신을 위한 소비를 하는 사람들이 늘고 있다. 무언가를 선택할 때도 남들이 가는 길이 아닌, 자신이 원하는 길을 찾아가게 된다. 하지만 미래에 대한 생각은 접어놓고 현재에만 집중할 경우 노후에 다양한 어려움을 경험할 수 있다. 때문에, 현재의 행복과 더불어 미래에 대한 대비를 하는 것이 현명하다. 한번뿐인 인생, 대비하는 인생이 되어야 하지만 진정한 욜로의 인생은 지존자 하나님과 동행하는 인생이다.

84. 부활을 의심하지 말고 믿으라

"예수께서 이르시되 너는 나를 본 고로 믿느냐 보지 못하고 믿는 자들은 복되도다 하시니라"(요 20:29)

알렉산더 대왕이 페르시아와 전쟁을 하던 중, 하루는 독충에 물려 죽느냐 사느냐 하는 중한 병에 걸리고 말았다. 급히 명의들을 불러 치료를 하도록 했으나 별로 신통하지가 않았다. 그런데 자신이 믿고 총애하는 한 부관이 의사를 추천했다. 필립이라는 그 의사는 왕의 병을 진찰한 후 이렇게 말했다.

"각하! 제가 각하의 병이 완치될 수 있도록 치료를 하겠습니다. 그러나 각하의 병증세가 아주 좋지 않은 상태라서 아주 강한 약을 써야 합니다."

알렉산더 대왕은 필립이라는 의사에게 모든 것을 믿고 맡겼다. 필립이 치료약을 만들러 나간 사이, 어느 한 병사가 파리메니오 장군에게서 온 편지를 들고 달려와 전했다. 그런데 편지의 내용은 이랬다.

'대왕님, 지금 대왕님의 병을 치료하겠다고 한 필립 의사는 정체를 알 수 없는 사람이므로 각별히 조심하시기 바랍니다.'

알렉산더 대왕은 파리메니오 장군으로부터 온 편지를 읽고 한참 동안 고민을 하며 골똘한 생각에 빠졌다. 이때 필립이 약을 준비하여 알렉산더 대왕 앞에 나타났다.

"대왕이시여! 어서 이 약을 드십시오. 약을 드신 후 심한 고통과 함께 시달리시다가 잠이 들면 이틀쯤 후에 깨어나시게 될 것입니다."

알렉산더 대왕은 필립이 건네준 약사발을 받아 들면서 편지를 내어 주었다.

"내가 이 약을 마시는 동안 자네는 이 편지를 읽어보게. 나는 자네를 믿기로 했네."

왕은 약을 마신 후 이틀 동안 몸부림을 치다가 회복이 되어 이런 말을 했다.

"의심은 죽는 길이요, 믿음은 사는 길이라네."

도마는 사실 주님의 부활을 의심했다. 하지만 주님은 그에게 손과 옆구리를 보여주시며 확신을 주셨다. 그제야 도마는 주님의 부활을 믿게 되었다. 주님은 의심하는 자보다 믿는 자가 복된 사람이라고 하셨다. 부활을 의심하지 말고 믿어야 한다.

"예수께서 이르시되 나는 부활이요 생명이니 나를 믿는 자는 죽어도 살겠고 무릇 살아서 나를 믿는 자는 영원히 죽지 아니하리니 이것을 네가 믿느냐"(요 11:25-26)

십자가 고난 뒤에 부활로 승리하신 주님께서 우리를 위해 하나님 우편에서 간구하시며 지켜주신다. 부활의 진리를 믿는 자와 믿지 않는 자는 하늘과 땅 차이의 간격이 존재한다. 부활의 진리를 믿는 자는 영생이 있을 것이다. 부활의 진리를 믿지 않는 자는 영벌이 있을 것이다. 지금의 현실은 어렵고 위기라고 한다. 그러나 부활의 주님을 믿는 믿음으로 인내해야 한다. 위기가 곧 기회가 되어 축복의 문이 열릴 것이다.

85. 인내

"만일 우리가 보지 못하는 것을 바라면 참음으로 기다릴지니라"(롬 8:25)

어려서부터 보석 감정사가 되는 게 꿈이었던 한 청년이 있었다. 그는 유명한 보석 감정사를 찾아가 기술을 가르쳐 달라고 부탁했다. 하지만 늙은 보석 감정사는 고개를 저었다. 보석 감정 기술을 배우려면 인내심과 끈기가 가장 필요한데, 젊은 사람에겐 그런 것이 부족하다고 말했다. 청년은 자신이 충분한 소질과 열정을 갖고 있으니 한 번만이라도 기회를 달라고 매달렸다. 끈질기게 매달리는 그 청년을 본 보석 감정사는 그에게 내일 다시 오라고 말해주었다.

다음날 아침, 청년이 찾아오자 보석 감정사는 손바닥에 작은 보석 하나를 올려 주며 "의자에 앉아서 아무 말도 하지 말고 이 보석을 보고 있으라."라고 말했다. 그렇게 하루가 흘러갔다. 다음날 아침에도 보석 감정사는 청년의 손에 어제의 보석을 쥐어주며 의자에 앉아 있으라고 했다. 셋째날도, 넷째날도 마찬가지였다. 그렇게 그 청년은 일주일 동안 보석을 보고 있었지만 더 이상 침묵할 수가 없었다.

"스승님, 전 언제부터 기술을 배우게 됩니까?"

그러나 보석 감정사는 무뚝뚝하게 대답했다.

"곧 배우게 될 거야."

그리고 더 이상의 말도 없이 자신의 일만 계속했다. 마침내 열흘이 지났을 때 청년은 더 이상 참을 수가 없었다. 차라리 다른 감정사를 찾아가는 것이 낫지 이런 식으로 시간을 낭비하는 것은 옳지 못하다고 생각했다. 그래서 또 다시 보석 감정사가 똑같은 보석을 쥐어주며 의자에 앉아 있으라고 지시하면, 청년은 보석을 집어 던지며 이렇게 외치려고 했다.

"도대체 언제까지 날 골탕 먹일 셈인가요?"

그런데 청년이 보석을 집어 던지려는 순간, 자신도 모르게 이렇게 말했다.

"이건 어제까지 제가 보고 있던 그 보석이 아니잖아요!"

그러자 늙은 보석 감정사가 말했다.

"이제야 조금씩 배우기 시작하는군."

기회는 자주 오는 것이 아니다. 끝까지 기다리는 자에게 찾아온다. 참고 기다리는 사람이 복된 삶을 살 수 있다. 그러므로 어떤 상황에 처하든지, 무슨 일을 만나든지 오래 참으시기 바란다. 욥처럼 길이 참고 인내하는 사람들이 되시기 바란다. 하나님께서는 인내하는 사람을 인정하시고, 복된 길로 인도해 주신다.

86. 인내하고 맞서서 승리하라

"소망 중에 즐거워하며 환난 중에 참으며 기도에 항상 힘쓰며"(롬 12:12)

사람이 고통에 빠지면 불평이 생기고 조급해진다. 때로는 신실한 성도에게도 이런 질문이 생긴다.

"하나님! 도대체 어디에 계신가요? 세상의 불의를 왜 그냥 보고만 계신가요?"

그런 질문에 초점을 맞추기보다 사명과 약속에 초점을 맞추어야 한다. 성경에는 패배와 고통에 대한 말씀도 많지만 믿음은 반드시 해피엔딩(Happy ending)으로 끝날 것이라고 약속한다. 어려움 중에도 최종 승리를 확신하며 더욱 하나님을 찾고 믿음의 자리를 지켜야 한다.

사도 야고보는 시험을 만나면 온전히 기쁘게 여기라고 했다. 그러면 어떻게 시험 중에도 온전히 기쁘게 여겨야 할까? '성도의 최종 승리'라는 결과를 뻔히 알기 때문이다. 믿음이란 최종 승리라는 뻔한 결과가 일어나게 하는 것이고, 기도란 그 뻔한 결과가 더 빨리 일어나게 하는 것이다.

하나님은 최종 승리라는 뻔한 결과로 가는 과정에서 시험의 순간도 통과하게 하시기에 고통과 시련 중에도 마음을 푹 놓고 최종 승리의 때를 준비하며 살라고 하신다. 시련과 환난이 있어도 인내하고 선한 발걸음을 포기하지 마시길 바란다.

인내하면 원하는 것을 얻는다. 믿음을 가지고 인내해서 결과가 나빠지는 경우는 없다. 가야 할 길이라면 울면서라도 그 길을 가야 한다. 두려워서 피하면 두려움은 끝까지 나를 따라와 속박하려고 하지만 인내하고 맞서면 그 두려운 것이 오히려 도망을 친다.

말세의 특징은 서두르고 참지 못하는 것이기에 말세의 핵심 성공 비결은 인내이다. 링컨 대통령은 어려울 때마다 "나는 기다릴 겁니다."라는 말을 자주 했다. '시련'이란 재료를 통해 '인내'란 영적인 입체 형상을 만들어 영성과 인격을 아름답게 만들어 내야 한다. 그리고 현재의 고난보다 하나님의 사명과 약속에 집중하고 하나님의 때까지 인내함으로 아름다운 열매를 맺어내야 한다.